Elke Fahrenheim

Ein Hauch von Göttlichkeit

Erzengel, Elfen und Feen weisen uns den Weg ins Erwachen

Bitte fordern Sie unser kostenloses Verlagsverzeichnis an:

Smaragd Verlag
In der Steubach 1
57614 Woldert (Ww.)
Tel.: 02684.97848-10
Fax: 02684.97848-20
E-Mail: info@smaragd-verlag.de
www.smaragd-verlag.de

Oder besuchen Sie uns im Internet unter der obigen Adresse.

Deutsche Erstausgabe Januar 2010
Fotos Cover:
© Argus - Fotolia.com
© Liga Lauzuma - Fotolia.com
Umschlaggestaltung: preData
Satz: preData
Printed in Czech Republic
ISBN 978-3-941363-07-6

Elke Fahrenheim

Ein Hauch von Göttlichkeit

Erzengel, Elfen und Feen weisen uns den Weg ins Erwachen

Smaragd Verlag

Über die Autorin

Die Autorin ist Kinderkrankenschwester für Intensivpflege und lebt mit ihrem Mann und ihren zwei Söhnen in einer Kleinstadt in Bayern.

Im Anschluss an diverse spirituelle Weiterbildungen nimmt sie zur Zeit an einer Ausbildung an der Akademie Lichtengel (Adresse im Anhang) in medialer Heil- und Engeltherapie teil. Sie gibt Meditationen, Channelings und bietet Heilarbeit an.

Ihre Vision ist es, ein Lichtzentrum im süddeutschen Raum entstehen zu lassen, in dem ausgebildete LichtträgerInnen zusammenarbeiten, um viele Menschen auf ihrem Weg ins Heilsein und in die Liebe begleiten zu können.

www.fahmelia.de
info@fahmelia.de

Widmung

Für meine wunderbaren Söhne Frederik und Fabian.

Und für meinen Bruder Peter.

Danksagung

In tiefer Dankbarkeit und Liebe verneige ich mich vor meiner spirituellen Lehrerin Chamuel (Silke Schauffert), die mich gesucht und in meinem Versteck gefunden hat, um mir den Weg ins Erwachen zu ebnen. Ebenso großer Dank gilt ihrem Team, das mich mit viel Hingabe in meiner eigenen Heilarbeit unterstützt und aufgefangen hat.

Lieben Dank auch an meinen spirituellen Lehrerinnen Beate Biber, Barbara Vödisch und Soraya-Claudia Wedekind. Sie alle waren sehr wertvolle BegleiterInnen auf meinem Lebensweg.

Und ich danke sehr herzlich Mara Ordemann und Gaby Heuchemer vom Smaragd Verlag für ihren Entschluss, den Text vielen Menschen zugänglich zu machen.

Nicht zuletzt Dank auch an meinen Mann Stefan, der mir den Raum bereitet hat, dass dieses Buch überhaupt entstehen konnte.

Inhalt

Teil 2

Teil 1
Einführung durch Sananda

Es ist eine anstrengende und aufrüttelnde Zeit, in der ihr jetzt gerade lebt. Es ist eine Zeit des Aufbruchs in eine neue Dimension. Eine Zeit, in der viel in Bewegung geraten ist, sowohl für die Erde als auch für ihre Bewohner. Die Dunkelheit wird noch eine kleine Weile andauern, bis alles mehr ins Gleichgewicht kommt.

Macht euch bewusst, dass ihr viel mehr auf der irdischen Ebene bewirken könnt, als ihr zu glauben vermögt. Je mehr ihr die Liebe und das Christusbewusstsein lebt, desto größer wird eure Kraft und Energie. Damit bringt ihr die Christusliebe wieder auf die Erde und verankert sie in den Herzen der Menschen. Beginnt mit kleinen Gesten, indem ihr euren Nächsten mit Achtung, Respekt und Mitgefühl begegnet. Indem ihr euch in Geduld, Verständnis und Ehrlichkeit übt, und ihr hilfsbereit und wertfrei handelt. Es sind nicht nur die großen Taten, die die Welt bewegen, es sind auch die kleinen Gesten, die sich vervielfältigen. Tretet wieder mehr ein in die Stille des Herzens, in das einfache Dasein und wendet euch den menschlichen Qualitäten zu, die Menschen zusammenführen. Nicht denen, die euch voneinander trennen, wie Konsum, Gier, Neid, Stolz, Geiz, Manipulation und Macht.

Das Leben wird sich in dem Maße zum Positiven ver-

ändern, wie ihr es zulasst. Es ist immer die Entscheidung eines jeden Einzelnen, welchen Weg er oder sie einschlägt. Entscheidet ihr euch für den Weg der Liebe, oder für den Weg der Trennung? Liebe führt zusammen, das Ego trennt. Es gibt jetzt schon sehr viele Menschen, die sich getrennt und einsam fühlen auf der Erde. Das liegt nicht immer am Einzelnen, es ist das Kollektiv, das von jedem genährt wird. Alles, was gedacht und getan wird, spiegelt sich im Kollektiv wider. Die Stärkeren können die Schwächeren mitziehen. Deswegen ist es von Wichtigkeit, den Weg der Liebe nicht nur für sich zu wählen, sondern auch Schwächeren zu helfen.

Der erste Schritt sollte immer die Eigenliebe sein. Vergesst alles, was euch in der Kindheit darüber gelehrt wurde. Vergesst die Konditionen, andere immer voranstellen zu müssen, dass erst einmal alle anderen befriedigt werden müssen, bis ihr selbst an der Reihe seid. Es kann sehr schwierig werden, wenn ihr vor lauter Geben innerlich immer leerer werdet. Geben aus einem gefüllten Herzen ist ein wahres Geschenk, geben aus einem leeren Herzen ist Missbrauch an euch selbst. Deswegen ist es von Bedeutung zunächst einmal das eigene Herz zu erfüllen. Dieses geschieht am leichtesten durch Freude und Eigenliebe. Die Eigenliebe wird in eurer Gesellschaft leider oft falsch verstanden und ist vielfach negativ besetzt. Es ist nicht damit gemeint, sich über andere hinwegzusetzen, zum eigenen Wohle rücksichtslos seinen Weg zu gehen und das niedere Ego auszuleben.

Seht euren Reichtum an guten Eigenschaften. Macht es euch bewusst und liebt euch mehr und mehr für jede dieser Eigenschaften. Liebt eure Hilfsbereitschaft, die Lebendigkeit, die Geduld, das Mitgefühl mit menschlichen Schwächen, die Fähigkeit, anderen zuhören zu können. Es gibt noch unzählige weitere Eigenschaften, die sich zu lieben lohnen. Fertigt eine Liste mit all euren positiven Seiten an, und liebt euch für jede. Schaut auch auf die Eigenschaften, in denen ihr vielleicht noch nicht so perfekt seid. Nehmt eure Schattenseiten in euer Herz und liebt auch diese. Die wahre Christusliebe schließt alles mit ein, auch das, was vielleicht noch nicht so lichtvoll ist. Wendet ihr den inneren Blick mehr auf die guten Eigenschaften, werden sie sich immer mehr verstärken. Alles, worauf ihr euer Augenmerk legt, wird sich durch die Kraft der Anziehung vermehren. Das ist ein kosmisches Gesetz. Das, was ihr nach außen strahlt, wird zu euch zurückkommen. Strahlt ihr Strenge aus, weil ihr streng mit euch seid, werdet ihr Strenge erhalten. Strahlt ihr Leichtigkeit aus, wird euer Weg mit mehr Leichtigkeit erfüllt sein. Ihr zieht mehr Menschen in eurer Leben, die die Fähigkeit haben, spielerisch zu sein.

Durch das, was ihr nach außen tragt, erschafft ihr das Umfeld. Alles, was in eurem Umfeld geschieht, ist ein Spiegel eures Inneren. Nutzt den Spiegel als Hilfe, begegnet euch in ihm. Der Spiegel zeigt euch die Wahrheit über euch selbst, er zeigt euch das Licht und den Schatten. Er ist dazu gedacht, Dinge im Leben zu erkennen und zu verändern, aber nicht, um sich erneut negativ zu bewerten.

Alles, was ihr über die Christusliebe, die bedingungslose Liebe, wisst oder spürt, bin ich: Sananda. Genauso, wie die göttliche Essenz immer in euch ist. Keine Pflanze, kein Tier, kein Mensch ist ohne diese Essenz. Ohne die göttliche Liebe könntet ihr gar nicht existieren, denn die göttliche Liebe haucht euch erst das Leben ein. Und in euch allen wohnt die Sehnsucht nach der Quelle, nach der Einheit, die ihr in euch selbst wieder erfahren könnt.

Ihr habt euch als Mensch inkarniert, um euch als Individuum zu erleben. Stellt euch vor, alles, was je existiert hat, ist ein großes, helles Licht, und ihr seid ein winziges Teilchen davon. Wie könntet ihr euch denn als Individuum empfinden, wenn überall Licht ist? Wenn alles „eins" ist? Dennoch ist jetzt die Zeit da, wieder zur Einheit zurückzukehren, wieder zu dem zu werden, was ihr in Wirklichkeit seid. Es ist die Zeit da, sich als göttliches Wesen in einem menschlichen Körper zu erkennen.

Viele unter euch spüren sich immer mehr als Teil des Großen Ganzen. Hierin liegt auch meine Aufgabe, euch sanft in eure eigene Wahrheit, in die Essenz, zu führen. Einige der Menschen, die den Weg der bedingungslosen Liebe gewählt haben, haben mich als ihren Geistführer. Worauf wartet ihr also? Ich bin schon lange unter euch, in der Form, wie ich euch am besten dienen kann. Lebt die bedingungslose Liebe zu allem Sein, und meine Essenz wird in euch lebendig.

Meine Liebe ist sanft und zurückhaltend. Eine Liebe, die sich nicht aufdrängt, die euren Weg niemals bewerten würde, die präsent sein, aber nicht belehren will. Sie will berühren. Sie will den Weg ins eigene Erwachen ebnen, indem sie sich anhand des eigenen Beispiels vorlebt, sodass jeder erkennen kann, was in ihm ist. Eine Botschaft, die ich euch gleich am Anfang geben möchte, lautet: „Hört auf eure eigene Wahrheit! Übernehmt Verantwortung für eure Handlungen, fühlt in euer Herz, was für euch stimmt und was nicht. Jeder trägt das vollkommene Wissen und die vollkommene Wahrheit in sich und muss sich nur erinnern."

Seht nicht mehr das traurige Bild von Jesus am Kreuz an. Dieses Bild hält euch in der Ohnmacht und schenkt euch den Glauben, dass ich nicht mehr für euch da bin. Dabei war ich immer in euch und ihr in mir! Jedem, der wirklich dazu bereit ist, werde ich den Weg zeigen und ihn erhellen. Ich werde für euch da sein, wann immer ihr mich braucht. Denn: „Du bist ich, ich bin du, wir sind eins! Ich segne dich mit meiner Liebe.

Sieh sie, fühle sie, liebe sie
und gib sie weiter."

Die göttliche Liebe zu allem Sein

Die göttliche Liebe ist eins mit allem, sie braucht nichts und niemanden, sie ist sich selbst genug. Aber sie will sich ausdrücken, sie will leben und da sein. Und es ist eine Liebe, die uns sehr vertraut ist, die wir aus den göttlichen Ebenen sehr gut kennen. Denn von dort kommen wir! Aber auf der irdischen Ebene fürchten wir uns davor, die wahre Liebe wirklich zu fühlen und zu leben. Es ist einerseits die Angst vor Verletzungen, andererseits die Angst vor unserer wahren Größe und Kraft. Ganz tief im Herzen haben wir noch die Erinnerung an die wirkliche, wahrhaftige Liebe. Nicht nur die Liebe zu einem Menschen, es ist die Liebe zu Allem-was-ist gemeint. Aber auch zu Menschen haben wir oft das Gefühl, sagen zu wollen: „Ich liebe dich“, meinen damit aber nicht die Verliebtheit zu einer Frau oder einem Mann. In der göttlichen Liebe können wir jemanden lieben, weil wir das Licht in ihm erblicken und uns darin wiedererkennen. Die göttliche Liebe umfasst alles und jeden. Es ist die Liebe, die im Himmel herrscht und jetzt immer mehr auf der Erde Einzug halten will, sie will sich für immer hier verankern.

Um unseren eigenen Aufstieg ins Licht zu unterstützen, können wir damit beginnen, den Menschen, bei denen wir Liebevolles spüren, dieses durch Worte und Taten auszudrücken. Machen wir uns bewusst, dass jede und jeder in dieser Zeit hier ist, um am eigenen und dem Aufstieg der Erde in die nächste Dimension mitzuwirken. Für viele Erwachte ist es aus dem Grund schwer, auf der Erde zu sein, weil sie meinen, dass ihre Liebe nicht fließen darf. Liebe will sich ausdrücken, sie will sich ergießen. Liebe will sich vermehren und alles mit einem Hauch der Göttlichkeit umarmen. Staut sich die Liebe an, leiden wir und sehnen uns nach Hause. Es erwachen jetzt immer mehr Menschen, und wir können unsere Liebe mehr und mehr fließen lassen. Dann brauchen wir keine Schmerzen mehr zu erleiden, denn die göttliche Liebe darf auf der Erde wieder gelebt werden. Die Sehnsucht nach Hause ist eigentlich die Sehnsucht, die wahre Liebe hier zu leben, so, wie wir es gewohnt sind und erinnern. Trauen wir uns, den Himmel auf Erden zu bringen und erschaffen uns ein Paradies. In Wirklichkeit ist die Erde ein Prachtplanet und will jetzt erblühen.

Der Himmel soll zur Erde werden,
und die Erde zum Himmel.

Die Liebe in sich zu verschließen tut weh. Wir können es uns vorstellen wie eine quirlige Fee. Die Fee will lachen, tanzen, singen und fröhlich sein. Sperrt man sie in einen Käfig, und ist er noch so schön, wird sie leiden. Nicht anders verhält es sich mit der Liebe. Verschließen wir ihr nicht die Türen! Öffnen wir das Herz und lassen sie sich entfalten wie ein bunter Schmetterling, der fliegen möchte. Lassen wir die Liebe strahlen und glitzern und in rosa Strömen aus dem Herzen fließen. Hüllen wir alles in einen Hauch heller Liebesenergie, wird es sich vermehren. Tun das viele Menschen, wird die Liebe anwachsen und sich überall ergießen. Finden wir uns in Gruppen zusammen, um eine große Liebeswolke zu bilden, die wir in die Krisengebiete der Erde schicken können. Helfen wir mit, dass die Menschen dort friedlicher werden und ihr eigenes Licht erkennen. Werden wir zu Lichtboten für die Neue Zeit! Haben wir aber das Gefühl, unsere Liebe täglich in den Alltag fließen zu lassen, ist das auch in Ordnung. Jeder ist an seinem richtigen Platz, um das zu tun, was seinem Seelenplan entspricht.

Können wir die göttliche Liebe nicht mit Worten ausdrücken, kann sie dennoch aus unseren Augen, unseren Händen und unserem Wesen fließen. Ist die Aura von Liebe erfüllt, kann sie damit Räume, Häuser, Städte und Situationen erhellen. Wir werden fähig, Gesellschaften, in denen wir uns aufhalten, mit unserem Licht zu erfüllen. Tut dies jeder von uns, wird sich alles verändern auf dem Planeten Erde. Liebe ist und war die einzige, je existierende Wahrheit. Und es ist einfach! Wir brauchen nichts anderes zu tun, als unser Herz zu öffnen und alles liebend anzunehmen. Selbst die Feinde können wir lieben, und sie werden nicht mehr länger unsere Feinde sein. Die Liebe ist ein starkes Kraftfeld, das uns rundherum beschützt. Stärken wir es täglich neu, wird es immer leuchtender und kraftvoller. Die angeblichen Feinde spüren es, ziehen sich entweder zurück, oder begegnen uns mit mehr Freundlichkeit. Eine Hilfe, dieses Kraftfeld stabil zu halten, ist das Bad in der göttlichen Liebe. Es füllt uns immer wieder mit Lichtschwingungen auf, und dadurch fällt es uns sehr viel leichter, die Liebe, die wir sind, nach außen zu tragen.

Meditation – Bad in der göttlichen Liebe

Schließe die Augen, atme einige Mal tief ein und aus und entspanne dich. Stell dir nun einen kleinen See vor. Du stehst am Ufer und bist ganz erstaunt über die Leuchtkraft des Wassers. Die Sonne scheint warm vom Himmel, und der See glitzert silbern. Dazwischen gibt es auch Lichtreflektionen in den Regenbogenfarben. Du weißt, dass dieser See göttlich geweiht ist und dich gleich mit der unendlichen Liebe erfüllen wird.

Nun gehst du langsam in das warme Wasser hinein und spürst sofort die Heilkraft. Die Verbindung zur allumfassenden göttliche Liebe ist umgehend da, und du nimmst einen hellen Lichtstrahl wahr, der aus deinem Herzen über dein Scheitelchakra mit der großen Einheitsseele verbunden ist. Es fließen nun helle Lichtströme über dein Scheitelchakra in dein Herz und deinen Körper. Genieße diese wunderschöne Energie mit all deinen Sinnen. Vielleicht möchtest du ein wenig schwimmen, ausgelassen plantschen, vielleicht lieber in aller Stille „sein“ und einfach genießen. Tue genau das, was dir jetzt Freude bereitet. Die hellen Lichtstrahlen und das Wasser reinigen die Zellen deines Körpers, die ganz mit Liebe aufgefüllt werden. Außerdem wird dein Energiesystem mit den Farben des Regenbogens belebt. Du fühlst dich federleicht und getragen. Den Energiefluss spürst du wie Vibration oder ein leichtes Kribbeln im ganzen Körper. Erfreue dich so lange an dieser kraftvollen Situation, wie es dir guttut.

Entschließt du dich, den See wieder zu verlassen, dann bitte zuvor Erzengel Jophiel oder Sananda, eine Schale mit feinem Goldglitzer über dich zu ergießen. Du siehst, wie du nun mit reinem Gold gesegnet wirst und wie in Gold getaucht, den See verlässt. Bewahre dir dieses wunderbare Bild und nimm es mit in deinen Alltag. Sei dir gewiss, dass du immer und überall angeschlossen bist an das allliebende, göttliche System. Suche diesen See auf so oft du möchtest, um dich mit der allumfassenden Liebe aufzuladen.

☆☆☆☆☆

Erzengel Chamuel

In der Verbindung mit Erzengel Chamuel kommt eine Welle vollkommener Liebe zu mir.

Etwas, das mich tief im Herzen berührt und am ganzen Körper erschauern lässt.

Meine Seele und mein Körper erfahren ein tiefes Durchatmen.

Ein Auftanken, ein Aufblühen, aber auch ein Erkennen: Das bin „ich“, das ist mein „Zuhause“. Von dort komme ich.

Nie war ich etwas anderes, und nie werde ich etwas anderes sein.

Alles ist eins, alles ist Liebe.
Es ist tiefer Friede, Angekommensein.
Keine Frage, keine Antwort, „nichts“.
Das Fallenlassen in die Arme eines Engels.
Nichts muss ich tun, nichts wird von mir verlangt.
Ich werde so geliebt, wie ich bin.
Ich bin heil und ganz.
Ich bin Liebe und Licht.
Ich bin alles und nichts.
ICH BIN.

☆☆☆

Meine Liebe für euch

Meine Essenz ist die reine, wertfreie, allumfassende Liebe. Sie ist immer und überall. Es ist mir eine große Freude und Ehre, wenn ich euch dienen darf. Verbindet euch mit meiner Energie und fühlt diese tiefe Liebe in eurem Herzen. Ihr könnt dieses tun, indem ihr in Gedanken das Herz öffnet und sagt: „Ich rufe Erzengel Chamuel zu mir und verbinde mich mit seiner Energie." Schließt die Augen und lasst euch von meiner Schwingung und meinen weichen Flügeln einhüllen.

Wir aus der Geistigen Welt sind euch so nah und können euch dennoch nur helfen, wenn ihr uns die Erlaubnis dazu gebt. Ihr geliebten Wesen dieser Erde, die ihr dieses lest, seid Lichtboten. Glaubt nicht, dass ihr weniger seid. Ihr seht es nur nicht in eurem „Beschäftigtsein". Durch eure Verstrickung im Alltag könnt ihr die wundervollen Energien der Geistigen Welt nicht wahrnehmen. Werdet still und lauscht nach innen. Ihr müsst euch gar nicht anstrengen, seid „einfach" nur.

Viele von euch fühlen sich auf der Erde alleine und getrennt. Manche fühlen sich einsam. Dem ist nicht so, ihr wart niemals getrennt und werdet es auch niemals sein. Wir Engelwesen sind immer mit unserer Liebe bei euch, und ihr seid immer und in jedem Moment mit der grenzenlosen Liebe des Großen Ganzen verbunden. Nur um es fühlen zu können, ist es gut für euch, wenn ihr euch mit der göttlichen Liebe verbindet. In Wirklichkeit seid ihr immer verbunden. Eigentlich müsstet ihr gar nichts tun, außer euer Herz zu fühlen und es ins bewusste Sein kommen zu lassen. Euch nur dessen zu erinnern, was ihr schon immer wart. Alles ist so einfach.

Nutzt Leerzeiten, um euch der göttlichen Liebe zu erinnern. Wenn ihr in der Warteschlange an der Kasse steht, in der U-Bahn sitzt oder auf der Autobahn im Stau steht. Das sind wundervolle Zeiten, in denen ihr sowieso nichts tun könnt. Öffnet euer Herz und verbindet euch konkret mit den Worten: „Ich verbinde mich jetzt mit der göttlichen Liebe". Ihr werdet sehen, wie sich vieles um euch herum verändert. Wie ihr Menschen freundlich begegnet und in euch friedvoller werdet. Ihr lächelt einen Menschen an, und der wiederum schenkt dem Nächsten sein Lächeln. So geht es weiter und weiter, und ihr habt mit einem einzigen Lächeln sehr viel bewirkt. Nehmt euch heute einmal vor, eure Mitmenschen mit den Augen der Liebe anzusehen. Fühlt die Liebe in eurem Herzen. Stellt euch eine Situation vor, in der ihr in der Liebe wart. Vielleicht zu einem Menschen, zu einem Tier oder etwas anderes. Es ist egal, wichtig ist die Energie. Fühlt die Liebe und nehmt dieses schöne und leichte Gefühl mit in den Alltag. Und dann seht, was jeder Einzelne von euch bewirken kann. Ist das nicht wundervoll?

Es ist wichtig, dass ihr ein neues Miteinander auf der Erde findet. Ein Miteinander der Freude, des Mitgefühls, des Teilens und des nährenden Umgangs. Euer Gegenü-

ber ist vielleicht in Wirklichkeit ein inkarnierter Engel oder ein anderes Lichtwesen. Betrachtet einmal aus diesem Blickwinkel die Mitmenschen. Seht das alles auch in eurem Partner und euren Kindern. Betrachtet euch selbst mit den Augen der Liebe. Im Herzen seid ihr bereits vollkommen, im Herzen seid ihr reine, göttliche Liebe. Habt ihr zu uns Verbindung, könnt ihr unsere Dankbarkeit und Liebe spüren.

Liebe ist sanft,
Liebe ist annehmend,
Liebe ist verzeihend,
Liebe ist wertfrei,
Liebe ist still,
Liebe ist.

Trefft die bewusste Entscheidung, jetzt etwas für euch, für die Erde und ihre Wesen tun zu wollen. Unsere Liebe ist mit euch. Erlaubt euch zu fühlen, dass ihr keine von uns getrennten Wesen seid. Alles ist miteinander verbunden, keiner von euch ist allein. Alles ist göttlicher Ausdruck. Wir sehen euer wahres Wesen, und wir sehen nur Liebe. Es ist eine große Freude für uns, dass jetzt immer mehr Menschen auf der Erde es selbst erkennen.

Jeder von euch hat den göttlichen Funken in sich. Ermächtigt euch, für euch Mutter, Vater, Bruder, Schwester, Freund, Liebende, Meister, Lehrer, Therapeut und Heiler zu sein. Heilt eure Wunden, die Wunden des Inneren Kindes und des Erwachsenen. Es ist möglich, zu jeder Zeit.

Sagt euch so oft wie möglich: „Ich liebe mich." Eure Zellen werden immer mehr aufgeladen mit der Energie der Liebe, sodass ihr es mit der Zeit wahrlich fühlen könnt. Sich selbst zu lieben ist das Wichtigste und Beste, was man für sich tun kann. Übt ihr euch in der Selbstliebe, werdet ihr frei und unabhängig. Ihr könnt euch stets all das geben, was ihr braucht und was euch guttut. Erfüllt ihr euch selbst eure Bedürfnisse und Wünsche, entlasst ihr eure Kinder und Partner aus der Verantwortung, für euch sorgen zu müssen. Für sie ist es ein großes Geschenk, wenn ihr euch selbst liebt und nicht abhängig von ihnen seid. Alle um euch herum werden es spüren und mehr Frieden in sich finden.

Stellt euch in den Mittelpunkt eures Lebens. Mit der Zeit werdet ihr immer klarer in dem, was ihr benötigt, wo Defizite sind, und wie ihr sie auffüllen könnt. Fühlt ihr euch zu schwach oder zu unsicher, geht mit eurer Vorstellung tief hinunter bis zum Mittelpunkt der Erde. Dort befindet sich ein starkes Energiefeld mit reiner Schöpferkraft und der Kraft der Verwirklichung. Lasst nun diese unermessliche Energie in euren Körper aufsteigen und einfließen. Spürt, wie ihr die nötige Tatkraft bekommt, um alles in eurem Leben verwirklichen zu können. Vertraut dem Prozess, und ihr werdet zum Schöpfer eures Erdenlebens.

☆☆☆☆☆

Als ich mich selbst zu lieben begann

Als ich mich selbst zu lieben begann,

habe ich verstanden, dass ich immer und bei jeder Gelegenheit, zur richtigen Zeit am richtigen Ort bin, und dass alles, was geschieht, richtig ist – von da an war ich ruhig.

Heute weiß ich: Das nennt man **VERTRAUEN**.

Als ich mich selbst zu lieben begann,

konnte ich erkennen, dass emotionaler Schmerz und Leid nur Warnungen für mich sind, gegen meine eigene Wahrheit zu leben.

Heute weiß ich: Das nennt man **AUTHENTISCH SEIN**.

Als ich mich selbst zu lieben begann,

habe ich aufgehört, mich nach einem anderen Leben zu sehnen und konnte sehen, dass alles um mich herum eine Aufforderung zum Wachsen war.

Heute weiß ich: Das nennt man **REIFE**.

Als ich mich selbst zu lieben begann,

habe ich aufgehört, mich meiner freien Zeit zu berauben, und ich habe aufgehört, weiter grandiose Projekte für die Zukunft zu entwerfen. Heute mache ich nur das, was mir Spaß und Freude bereitet, was ich liebe und mein Herz zum Lachen bringt, auf meine eigene Art und Weise und in meinem Tempo.

Heute weiß ich: Das nennt man **EHRLICHKEIT**.

Als ich mich selbst zu lieben begann,

habe ich mich von allem befreit, was nicht gesund für mich war, von Speisen, Menschen, Dingen, Situationen und von allem, was mich immer wieder hinunterzog, weg von mir selbst. Anfangs nannte ich das „gesunden Egoismus".

Heute weiß ich: Das ist **SELBSTLIEBE**.

Als ich mich selbst zu lieben begann,

habe ich aufgehört, immer recht haben zu wollen, so habe ich mich weniger geirrt.

Heute habe ich erkannt: Das nennt man **DEMUT**.

Als ich mich selbst zu lieben begann,

habe ich mich geweigert, weiter in der Vergangenheit zu leben und mich um meine Zukunft zu sorgen.

Jetzt lebe ich nur noch in diesem Augenblick, wo ALLES stattfindet, so lebe ich heute jeden Tag und nenne es **BEWUSSTHEIT**.

Als ich mich selbst zu lieben begann,

erkannte ich, dass mich mein Denken armselig und krank machen kann. Als ich jedoch meine Herzenskräfte anforderte, bekam der Verstand einen ganz wichtigen Partner.

Diese Verbindung nenne ich heute **HERZENSWEISHEIT.**

Wir brauchen uns nicht weiter vor Auseinandersetzungen, Konflikten und Problemen mit uns selbst und anderen zu fürchten, denn sogar Sterne knallen manchmal aufeinander, und es entstehen neue Welten.

Heute weiß ich: **DAS IST DAS LEBEN!**

Gedanken von Charlie Chaplin,
an seinem 70. Geburtstag am 16. April 1959

☆☆☆☆☆

Liebe dein Inneres Kind (Erzengel Chamuel)

Viele eurer Handlungen kommen aus dem verletzten Inneren Kind. Manche Erinnerungen aus der Kindheit wirken noch stark und sind sehr lebendig in euch. Steigt aus den alten Szenen aus und sorgt für das Kind in euch. So, wie ihr es jetzt für eure eigenen Kinder tun würdet. Stellt euch einmal folgende Szene vor: Jemand schlägt euer irdisches Kind, was würdet ihr tun? Vielleicht würdet ihr das Kind sofort zu euch holen, es beschützen und trösten. Oder ihr würdet euch zwischen den Schlagenden und das Kind stellen. Fragt euer Herz, was es tun würde.

Das Gleiche ist vielleicht mit euch passiert, nur war niemand da, der euch beschützt hat, niemand, der dazwischengetreten ist. Jetzt könnt ihr die Erinnerungen sein lassen, sie umwandeln und loslassen. Holt das verletzte Kind von damals aus den alten Szenen. Bringt es in Sicherheit, beschützt es, tröstet es und habt es lieb.

Die Energie kennt keine Zeit. Ihr könnt heute nachholen, was früher versäumt wurde. Fühlt euch frei, es heute für euer Inneres Kind so zu tun, wie euer Herz es euch sagt. Sorgt so liebevoll für euer Inneres Kind, wie es eine gute Mutter oder ein guter Vater tun würde. Wenn es sich gut anfühlt, gebt mir, Erzengel Chamuel, die Erlaubnis, euch zusammen mit eurem Inneren Kind im Arm zu halten und euch Geborgenheit zu schenken. Ihr könnt es euch ganz menschlich vorstellen, und seid gewiss, ich liebe es, dieses für euch tun zu dürfen.

Nehmt euch die Zeit, um euch immer mehr neue Bilder des heilen Inneren Kindes zu schaffen. Seht mit euren inneren Augen, wie das kleine Mädchen oder der kleine Junge von damals immer fröhlicher und glücklicher wird. Stellt es euch so vor, wie ihr euch eine glückliche Kindheit vorstellen würdet. Nehmt euch wirklich die Zeit dafür, denn diese Bilder sind sehr kraftvoll. Liebe ist die reinste Energie im ganzen Universum. Liebe lässt alles heilen.

Habt ihr neue Bilder geschaffen, ist es ganz wichtig, den alten keine Energie mehr zu geben. Kommen die ehemaligen Bilder in euer Bewusstsein, lasst sie durch euch durchfließen und haltet nicht an ihnen fest. Identifiziert euch nicht mehr damit. Atmet ein und aus, ein und aus, so lange, bis sich die alten Bilder von alleine verabschieden. Alles hat seine Zeit, hüllt sie in Liebe oder Licht ein und lasst sie gehen. Geht nun mit eurer Vorstellungskraft zu den neuen, schönen Bildern und lasst diese immer lebendiger werden.

Habt ihr viel Ärger und Schmerz in euch, ist eure Energie sehr dicht. Je mehr alte Verletzungen heilen können, desto lichter und klarer wird das Energiefeld. Indem ihr alles, was ihr tut und seid, liebt oder es mit Liebe umhüllt, wird eure Schwingung mehr und mehr angehoben. Gebt ihr uns die Erlaubnis, euch zu helfen, könnt ihr unsere Un-

terstützung spüren und unsere Botschaften klarer empfangen.

Lass mich...

... mein Licht und meine Kraft erinnern.
... zum höchsten Wohle aller in Liebe auf Erden wirken.
... die Stille und das Wissen meines Herzens erfahren.
... die Liebe in anderen achten, ehren und anerkennen.
... stets auf den Weg der Liebe zurückfinden.
... ganz zu der Liebe werden, die „ich bin“!

☆☆☆☆☆

Entscheidung, am Aufstieg der Erde mitzuwirken (Erzengel Uriel)

In der energetischen Verbindung mit Erzengel Uriel war eine männlich-kraftvolle, fast schon menschliche Präsenz wahrnehmbar. Die Energie fühlte sich liebevoll an, aber auch sehr durchsetzungsfähig. Wie jemand, der unsere Probleme auf den Punkt bringt, der sieht, was in uns vorgeht und uns antreibt, weiterzugehen. Bitten wir um seine Führung, werden wir auf unserem spirituellen Weg vorwärtsgeschoben und können ihm nicht ausweichen.

Ich bin euch und der Erde sehr nahe und sehe euer Bemühen. Für den Aufstiegsprozess der Erde in eine höher schwingende Dimension ist es wichtig, jetzt die bewusste Entscheidung zu treffen, euer Denken und Handeln im Sinne der großen göttlichen Liebe zu stellen, oder findet Worte, die eurer eigenen Wahrheit entsprechen. Erkennt ihr den wahren Grund, warum ihr in dieser Zeit auf diesen wundervollen Planeten gekommen seid, wird es zum innersten Bedürfnis, aus der Liebe heraus zu handeln. Beginnt damit, jedes Denken und Handeln zu überprüfen, aus welchen Beweggründen ihr etwas tut. Dient es dem Ego, oder handelt ihr aus der Kraft der allumfassenden Liebe? Lasst euer Tun sich von selbstloser Liebe erfüllen.

Für manche Seele braucht es noch etwas Geduld, bis sie die eigene Wahrheit sehen und spüren kann. Das ist in Ordnung und im göttlichen Seelenplan so vorgesehen.

Gebt ihr uns die Erlaubnis, euch sanft zu unterstützen, müsst ihr nicht alles alleine bewältigen, und es werden euch neue Wege aufgezeigt. Ihr dürft die Kontrolle abgeben und euch von der göttlichen Liebe tragen lassen.

Lasst ihr eure Kontrolle los, werdet ihr fallen, ganz tief, und in Gottes Händen landen.

Es ist so viel Liebe um euch herum, lasst los und empfangt. Euer Leben darf leicht und schön sein. Öffnet ihr immer wieder euer Herz und lauscht nach innen, könnt ihr spüren, dass es viele Helfer in eurem Leben gibt. Habt ihr es wirklich einmal im Herzen gefühlt, dass die nicht sichtbare Welt für euch da ist, werdet ihr euch niemals mehr getrennt und allein fühlen. Und wir können euch so dienen, wie es unser Auftrag und unser Verlangen ist. Setzt euch einmal in Ruhe hin, öffnet euch für die hohen, reinen, lichtvollen Energien und lasst es fließen. Ihr werdet merken, wie ihr innerlich zur Ruhe kommt. Wie ihr immer mehr Frieden findet. Es wird immer unwichtiger, was andere von euch denken oder sagen. Denn ihr seid gewiss, dass ihr so, wie ihr seid, geliebt werdet. Alles Äußere wird zur Nebensächlichkeit. Ihr braucht die Liebe nicht mehr im Außen zu suchen, denn sie ist immer in euch da. Ihr werdet unabhängig von anderen und könnt der eigenen Wahrheit folgen. Menschen, die ihrer inneren Wahrheit folgen, sind glücklich, friedvoll und erfüllt. Ist das nicht wunderbar? Ich liebe es zu sehen, wie viele erwachen und in ihrer ganzen Schönheit zu strahlen beginnen.

Heilung der Gefühle (Erzengel Raphael)

In der Verbindung mit Erzengel Raphael legt sich umgehend sanft ein grüner Lichtmantel um mich herum. Diese grüne Lichtenergie ist die Farbe der Heilung. Heilung für die Seele, den Geist und den Körper. Es ist spürbar, wie der Körper schwer wird und tiefes Ausatmen geschieht. Alles, was nicht zu mir gehört, alles, was nicht heil ist, kann jetzt abfließen. Es fließt in die Erde und wird dort von den Feuerwesen verbrannt und transformiert. Je mehr abfließt, desto leichter und befreiter fühlt es sich an. Tiefer innerer Frieden und Dankbarkeit stellen sich ein.

Ich möchte zu euch über die Heilung der Gefühle sprechen. Können eure Gefühle heilen, wird euer Körper folgen. Nehmt alle eure Gefühle und Gedanken in Liebe an. Wirklich alle. Jeder Mensch auf der Erde fühlt mal Neid, Hass, Wut oder handelt aus dem Ego. Das ist ein Ausdruck menschlichen Seins und der Dualität. Deswegen seid ihr nicht weniger göttlich und werdet nicht weniger geliebt. Kommt ein Gedanke oder Gefühl in euer Bewusstsein, das ihr negativ bewertet, haltet nicht an ihm fest. Schaut es an, fühlt es und lasst es gehen. Bietet keinen Widerstand und identifiziert euch nicht mit dem Gefühl. Dann kann es euer Körpersystem schnell wieder verlassen.

Schickt solche Gefühle nicht weg. Umhüllt sie mit einem Mantel aus Liebe. Mit der Zeit gehen sie von allein und eure Wunden können langsam heilen. Am Anfang melden sie sich immer wieder einmal. Aber es wird auch immer leichter, sie liebend und ohne Wertung anzunehmen. Gefühle bekommen dann Macht, wenn sie verdrängt oder überbewertet werden. Gerade Wahrheitssuchende wollen ihre unangenehmen Gefühle oft in ihrem Dasein nicht haben. Aber sie gehören zu euch und sind vollkommen. In der Geistigen Welt gibt es keine Wertung in Positiv oder Negativ. Für uns ist alles vollkommen, und es ist alles ein Aspekt der Liebe. Übt euch in liebender Annahme. Dann ist jedes Gefühl das, was es ist, was gefühlt werden will. Ein Gedanke, der gedacht werden will, nicht mehr und nicht weniger. Liebt euch dafür, gebt euch Anerkennung für euer Bemühen. Lasst Heilung geschehen.

Ich möchte es noch mal in aller Deutlichkeit sagen: Alles ist ein Ausdruck göttlichen Seins. Ihr seid nicht weniger als göttlich. Euer Herz ist heil und ganz. Es gibt nichts, was euch verletzen könnte. Jetzt ist die Zeit da, es zu erkennen. Es im Inneren des Herzens wahrzunehmen. Fühlt eure Ganzheit, euer Heilsein und eure Liebe.

Jetzt ist die Zeit da, wo alles lichter wird und ihr durch den Schleier des Vergessens hindurchsehen könnt. Für viele von euch wird sich der Schleier ganz heben. Ihr erkennt euch in eurer gesamten Schönheit und erwacht in eurer wahren Essenz. Bis jetzt wurde der Schleier des Vergessens benötigt, damit ihr in der dualen Welt zurechtkommt.

Ein sehr tiefgreifendes und verbreitetes Gefühl ist das der Angst. Angst ist eine Emotion, die sehr begrenzt und euch vom wahren Kern trennt. Sie verhindert Wachstum und versperrt den Zugang zum inneren Lichtreich. Ängste halten euch in der Welt der Schatten gefangen. Seid ihr in der Angst, vermeidet ihr Situationen und könnt euch neuen Aufgaben in eurem Leben nicht stellen. Angst kann das Leben sehr einschränken. Häufig ist es so, dass ihr euch in einer Situation geängstigt habt, und fortan vermeidet ihr es, ähnlichen Begebenheiten noch einmal zu begegnen. Dieses Vorgehen beschränkt euch sehr. Es lässt euch viele wunderbare Dinge als Mensch nicht erleben.

Das Leben auf der Erde bietet eine große Vielfalt. Es wäre sehr schade, wenn ihr euch begrenzen würdet. Wenn so viele Dinge, die euch Freude bereiten, nicht getan würden, weil ihr in der Angst gefangen seid. Vieles könnt ihr nur in einem menschlichen Körper erleben. Die Umarmung eines geliebten Menschen, das Genießen eines leckeren Essens, die Freude an der Sexualität und an materiellen Dingen, das Prickeln auf der Haut eines warmen Sommerregens, die ersten Sonnenstrahlen im Frühling. Aber auch die Herausforderungen, sich beispielsweise in die eigene Wahrheit zu erheben, nicht mit dem allgemeinen Strom zu schwimmen. Das zu leben, was ihr wirklich fühlt.

Es ist ganz wichtig, dass Ängste gehen können. Über das Gefühl der Angst seid ihr sehr manipulierbar, und die Ängste in der Gesellschaft wachsen ständig an. Der wir-

kungsvollste Umgang mit der Angst ist, sie sein zu lassen, zu fühlen und in Liebe anzunehmen. Die Angst will nur gesehen werden, mehr will sie nicht, dann geht sie über kurz oder lang von ganz allein. Genauso könnt ihr mit allen euren sogenannten negativen Emotionen verfahren. Traut euch zu diesem Schritt und entwickelt keine Angst vor der Angst. Geht einmal hindurch, nur so kann die Angst heilen. Mit jedem Mal wird die Angst weniger und irgendwann zeigt sie sich gar nicht mehr. Bittet um Beistand und Unterstützung von Erzengel Raphael, ich werde herbeieilen und euch mit meiner Heilungsenergie umhüllen. Ich liebe euch unendlich.

☆☆☆☆☆

Die Transformation der Angst

Nachdem ich dieses Buch eigentlich schon fertig gestellt hatte, wurde mir immer bewusster, wie wichtig es ist, dass Angst heilen kann. Dazu möchte ich nun mit meiner eigenen Geschichte zum Thema Angst beitragen.

Mein Sohn bekam Ende des Jahres 2006 Keuchhusten. Wegen diverser Allergien wurde er als Kleinkind nicht gegen Keuchhusten geimpft. Aus diesem Grund bekam er die Krankheit in voller Stärke. Das alleine ist schon schlimm genug, aber da er auch noch an Asthma leidet, wurde er schwer krank. Durch sehr hoch dosierte Asthma-Medikamente litt er zusätzlich an heftigen Nebenwirkungen. Sechs Wochen pflegte ich ihn Tag und Nacht, und meine Angst um ihn wurde immer mächtiger. Zu meiner Entlastung wollten die Ärzte ihn ins Krankenhaus einweisen, was ich aber ablehnte. Ich war bereit, es mit ihm zusammen zu Hause durchzustehen, steckte mich dann jedoch selbst mit Keuchhusten an.

Als er wieder gesund war, wachte ich eines Nachts durch einen Hustenanfall auf und bekam minutenlang (nach meinem Gefühl) keine Luft. Ich hatte in diesen, für mich unendlich, langen Minuten tiefe Todesängste, und vor allem Angst zu ersticken. Und ich spürte, dass ich das Sterben durch Ersticken kenne. Dieser Auslöser war für die nächsten Monate der Beginn eines Leidenswegs. Ich konnte nicht mehr einschlafen. Sobald das Geschehen in der Nacht auch nur angedacht war, löste es Panik in mir aus. Ich bekam starkes Herzrasen und Schweißausbrüche. Hinzu kamen viele diffuse Ängste am Tag. Verschiedene Ärzte verschrieben mir Schlafmittel, Tranquilizer und Antidepressiva. Diese nahm ich allerdings jeweils nur einmal, denn ich fand ihre Wirkung verheerend. Ich konnte zwar schlafen, fühlte aber gar nichts mehr. Es war kein Frieden in mir, nur eine dumpfe Leere.

Nach unermüdlicher Suche kam das Buch „Das Angst-Schema – Wege zur Befreiung von Angst und Panikattacken“, von B.A. Pelzer zu mir. Dieses Buch klärte mich über das Thema Angst vollständig auf, und ich spürte, es enthielt die Lösung für mein Problem. Nun begann ich, an der Angst zu arbeiten, indem ich mich ihr ergab. Dies tat ich nicht in der dunklen Nacht, ich erzeugte die Angst am Tag durch meine Gedanken. Das auszuhalten war am Anfang extrem schwierig (es soll keine Empfehlung sein, es mir nachzumachen, wenn man das Gefühl hat, es nicht alleine zu schaffen). Durch die Verdrängung hatte die Angst inzwischen schon sehr viel an Stärke und Macht gewonnen. Mit meiner ganzen Kraft ging ich hindurch! Ich holte sie aus den tiefsten Schichten meines Seins und erlaubte ihr, da zu sein. Ich durchlebte und durchfühlte sie bis ins letzte Detail, so lange und so oft, bis sie weniger wurde. Und siehe da, ihre Macht über mich ließ immer mehr nach. Sobald die Angst wieder in mir hochkroch, blieb ich in meiner Mitte und sagte zu ihr: „Es ist okay, dass du da bist.“ Und obwohl ich gelegentlich wieder Atemnotanfälle in der

Nacht hatte, lösten sie mit der Zeit keine Panik mehr in mir aus. Ich konnte sie nicht einmal mehr in mir erzeugen. Das war die Transformation meiner Angst, und ich möchte behaupten, dass dies der einzige und wahre Weg ist, mit Ängsten beziehungsweise mit allen unseren sogenannten negativen Gefühlen umzugehen. Heute habe ich die tiefe Gewissheit, mit Ängsten in meinem Leben auf diese Weise klarzukommen. Angst macht mir keine Angst mehr!

Etwa ein halbes Jahr später rief mich eine frühere Freundin an. Ich konnte zehn Jahre keinen Kontakt zu ihr herstellen und erfuhr nun den Grund dafür. Sie erklärte mir, dass sie sich so lange nicht melden konnte, da sie in psychiatrischer Behandlung sei. Sie würde Medikamente gegen ihre Angst nehmen, und ihr Leben sei durch die Nebenwirkungen sehr eingeschränkt. Aus meinem tiefen Mitgefühl für Menschen mit Angst und den Transformationsprozess konnte ich ihr meinen Umgang mit dem Thema Angst sehr überzeugend nahebringen. Das oben genannte Buch tat noch das Übrige hinzu, denn sie begann ebenfalls, sich ihrer Angst zu stellen. Nach einigen Monaten rief sie mich überglücklich an, um mir mitzuteilen, dass sie ihre Medikamente stark reduzieren konnte. Sie sagte wortwörtlich, was ihr in letzter Zeit bewusst geworden war: „Kein Medikament der Welt kann Angst heilen." Dazu möchte ich sagen, dass ich ihr aus meinem Verantwortungsgefühl heraus niemals geraten hätte, selbständig ihre Medikamente herabzusetzen. Es war ihre eigene Entscheidung, für die sie auch die volle Verantwortung übernahm. Tatsächlich konnten viele ihrer Ängste immer mehr gelindert werden, und ihre Lebensqualität hat wieder deutlich zugenommen.

☆☆☆☆☆

Lass Freude in dein Leben fließen (Erzengel Michael)

In der Verbindung mit Erzengel Michael werde ich eingehüllt in einen kräftig blauen, weichen, warmen Mantel aus Licht. Es ist eine sanfte, zugleich sehr kraftvolle, reinigende, heilende und auf der Haut kribbelnde Energie. Michael hat viel Mitgefühl für unsere menschlichen Probleme und Ängste. Er ist als große beschützende Präsenz, die die Erde einhüllt, wahrnehmbar. Besonders Lichtboten werden von ihm unterstützt, gestärkt und liebevoll geführt.

Ich bin, wie viele Engel, euch Menschen auf der Erde sehr nahe und sehe, was ihr auf euch nehmt. Ich sehe, wie viel Angst und Unsicherheit bei euch herrscht und wie viel Bewertung stattfindet. Ich sehe voller Mitgefühl, wie viel Perfektionismus von euch verlangt wird und ihr euch selbst abverlangt. Es ist jetzt eine Zeit, wo sich viel bewegt. Wo um euch herum und in euch sehr viel Veränderung stattfindet. Gerade in diesen turbulenten Zeiten ist sehr wichtig, das zu leben, was euch stärkt und Kraft gibt.

Ich möchte euch ermutigen, mehr Freude in euer Leben fließen zu lassen. Schafft einen Ausgleich zu eurem aufreibenden Alltag, etwas, das euch wieder ins Gleichgewicht bringt. Stellt euch einmal eine Waage vor. In der einen Waagschale liegt die Belastung des Alltags und in der anderen das, was euch Freude bereitet. Schwenkt die Waagschale auf der Seite, die eher Kraft nimmt, nach unten, seid ihr nicht mehr im Gleichgewicht. Ihr merkt es dadurch, dass ihr euch angespannt, innerlich unruhig und unausgeglichen fühlt. Erlaubt ihr, Dinge zu tun, die euer Herz öffnen, fließt ein bunter Lichtstrahl in die Seele, und ihr bekommt wieder mehr Energie.

Die Waagschale ist auch nicht mehr im Gleichgewicht, wenn eure Erwartungen zu hoch sind. Wenn ihr mit dem Gefühl der Freude nur bestimmte Situationen oder die Liebe zu einem Menschen verbindet. Wenn ihr die Freude und das Glück nur in äußeren Dingen zu finden glaubt. Wenn ihr das Schöne in den kleinen Dingen des Lebens nicht mehr wahrnehmen könnt, entfernt ihr euch von eurer göttlichen Natur. Freude könnt ihr auch im einfachen Dasein finden, in der Selbstliebe und in der Liebe zu Allem-was-ist. Denn Glück, Freude und Liebe enthalten die gleiche Essenz.

Ihr seid einzigartig, so, wie ihr seid, und es gibt euch nur einmal in diesem Universum. Darum kann auch nur jeder Einzelne für sich entscheiden, wodurch das Herz geöffnet und Freude empfunden wird. Das, was das Herz erfreut, nährt die Seele und ist der Weg zum Licht. Niemand kann euch das geben, was ihr euch selbst geben könnt. Niemand kann so für euch sorgen wie ihr selbst, niemand weiß, was ihr braucht. Ein freudiges Wesen ist ein Magnet für alles Heile und Schöne. Lebt das, was euch Freude bereitet. Freude erhebt euch aus euren unangenehmen Gefühlen in eine höhere, liebende Dimension.

Viele Dinge in unserem Alltag nehmen wir gar nicht mehr wahr, weil wir zu sehr mit unseren Gedanken beschäftigt und nicht wirklich im Hier und Jetzt sind. Erleben wir die scheinbar unbedeutenden Begebenheiten im Alltag intensiv mit allen Sinnen, können wir darin viele Lichtstrahlen der Freude entdecken. Lassen wir uns doch einmal von den bunten Glitzerperlen am Morgen im feuchten Gras verzaubern. Oder dem silbernen Funkeln auf dem Wasser, das aussieht wie kleine Lichtpyramiden. Spüren wir einmal auf dem Weg zur Arbeit den Wind, der sanft unsere Aura reinigt und glättet. Ist es uns eigentlich bewusst, dass so mancher uralte Baum schon Jahrhunderte an der viel befahrenen Straße steht? Bemerken wir auch die einsame Sonnenblume, die sich am Rand einer Autobahn befindet und uns scheinbar zuruft: „Halte einen Moment inne und sieh meine Schönheit!“ Ebenso ein schöner Film, der etwas in uns Verborgenes anklingen lässt. Nicht zu vergessen der liebevolle Blick oder die schöne Geste eines Menschen.

Fühlen wir einmal ganz bewusst die Schwingung eines Liedes, die unser Herz tief zu berühren vermag. In einem solchen Lied finden wir unsere eigene Seelenmelodie. Hier begegnen wir unserem ureigenen Ton, dem Klang unseres Herzens. Dazu ein wunderschöner kleiner Text von Albert Einstein, den ich das erste Mal an einem Chant (Singen) Abend in München (Adresse im Anhang) hörte:

Ein Freund ist ein Mensch, der die Melodie deines Herzens kennt,und der sie dir vorspielt, wenn du sie vergessen hast.

Alles, was wir mit den Augen der Liebe ansehen, wird schön. Ist unser Blick auf Unschönes gerichtet, werden wir die Schönheit in vielen Dingen nicht wahrnehmen können. Wir sind die Schöpfer unseres Daseins, aus unserem Denken erschaffen wir die Gegenwart und die Zukunft. Niedrig schwingende Gedanken erschaffen niedrig schwingende Situationen. Hoch schwingende Gedanken erschaffen hoch schwingende Begebenheiten. Schenken wir uns selbst eine Fülle an Vergnügungen, können wir aus diesem inneren Reichtum schöpfen und andere damit beschenken. Werden wir uns wieder der Zauberwelt um uns herum bewusst und lassen die Lichtstrahlen der Freude unser Herz erfüllen.

☆☆☆☆☆

Erinnerung an unser wahres Sein

Es wird sehr viel über das Erwachen oder Aufwachen geschrieben, und ich wollte über so persönliche Dinge eigentlich nichts schreiben, aber die Geistige Welt hat mir keine Ruhe gelassen. Hat man sich einmal entschieden, mit ihr zu arbeiten, wird man vorwärtsgeschoben, natürlich in aller Liebe, versteht sich! Erzengel Uriel fragte mich, ob ich wirklich mit allen Konsequenzen bereit bin, dem höchsten göttlichen Sein zu dienen, und ich sagte Ja, ohne genau nach den Konsequenzen zu fragen. Irgendwie war ich der Meinung, dass mein Leben genauso weitergehen würde wie bisher. Da hatte ich mich wohl getäuscht.

Scheinbar gibt es den richtigen Zeitpunkt in unserem Leben, in dem das „ Sich Erinnern“ einfach geschieht. Liegt es an der beschleunigten Zeit, wovon die Erzengel immer wieder sprechen? Liegt es daran, dass es jetzt tatsächlich leichter geworden ist für uns? Oder ist es einfach Gottes Wille? Ist es göttliche Gnade? Wenn dem so ist, – was für ein Geschenk. Vielleicht müssen wir aber auch erst durch verschiedene Phasen des Lebens durchgehen, um irgendwann, wenn wir genug vorbereitet sind, unser wahres Sein zu erinnern. Anders kann ich es mir nicht erklären, dass ich mich Jahrzehnte mit spirituellen Büchern und der Heilung meiner inneren Wunden beschäftigt habe und erst nach weiteren Seminaren immer mehr begann, zu verstehen. Viele Menschen spüren eine Sehnsucht nach etwas Unbekanntem in sich und begeben sich deshalb auf den spirituellen Weg. Ich empfand dieses Drängen in mir nie als Suche nach etwas, es war sozusagen mein Hobby, mich mit spirituellen Themen zu befassen. Und ich empfinde es heute als großes Glück, religiös nie vorgeprägt gewesen zu sein. So konnte ich frei und ohne negative Programmierungen meinen Weg zu Jesus, zu den Engeln und zu Gott finden.

Vor etwa zwanzig Jahren begann ich, mich mit der bedingungslosen Liebe zu beschäftigen. Diese für mich magischen zwei Wörter, hörte ich das erste Mal von der Sterbeforscherin Dr. Elisabeth Kübler-Ross in einem Dokumentarfilm. Sie betreute zu der Zeit an Aids erkrankte Kinder und sagte, sie würde jedes dieser Kinder bedingungslos lieben. Das hat mich sehr berührt. Ich las in den folgenden Jahren viele Bücher über die bedingungslose Liebe. 1990 nahm ich bei Frau Dr. Kübler-Ross an einem Sterbeseminar teil und arbeitete selbst mit Kindern, die an AIDS erkrankt waren. Aber wirklich im Herzen konnte ich diese Art von Liebe nicht fühlen. Natürlich liebte ich die Kinder auf meine Art, aber bedingungslos? Geändert hat sich das erst mit meinen eigenen Kindern. Trotz manchmal nervenaufreibender Zeiten fand ich immer wieder zur bedingungslosen Liebe zu meinen Kindern zurück. Auch nach heftigstem Stress war ganz spontan und ohne mein bewusstes Dazutun die Liebe für sie da. Sie waren große Lehrmeister für mich, denn nun konnte ich es auch im Herzen fühlen.

Ähnlich wie mit der bedingungslosen Liebe, ging es mir mit den Themen des „Aufwachens", des „Ich Bin" oder des „Verbundensein mit Allem-was-ist". Diese Themen haben mich schon immer sehr interessiert. Ich nahm an unzähligen spirituellen Seminaren teil, aber die Essenz blieb irgendwie nur auf der Verstandesebene und rutschte nicht bis ins Herz. Genauso das Thema Engel. Ich konnte mir Engel in meiner Fantasie sehr gut vorstellen, aber wirklich mit meinen inneren Augen sehen konnte ich sie nicht. Natürlich waren sie trotzdem immer da, denn ich bat sie oft um Hilfe. Einen Parkplatz bekam ich mit Hilfe der Engel jedenfalls immer!

Dann kam der für mich richtige Zeitpunkt, der Zeitpunkt, in dem mein Leben anfing, ruhiger zu werden, meine Kinder mich nicht mehr so viel brauchten und ich mehr Zeit fand, etwas für mich zu tun. Mein gelernter Beruf brachte mir nicht mehr die Erfüllung, und ich war ständig auf der Suche nach einer neuen Aufgabe. Aber je mehr ich suchte, umso weniger fand ich. Erst als ich bewusst jede Suche losließ, wurde ich zu dem lichtvollen Engel in der Form eines Menschen geführt, der die Kraft und die göttliche Liebe hatte, mir Dinge in mein Bewusstsein zu bringen, damit ich immer mehr erkennen und verstehen konnte, wo ich herkomme und was ich bin.

Beende die Suche nach Frieden, Glückseligkeit und Erleuchtung, denn sie suchen und finden dich, wenn die Zeit da ist.

Ja, es gibt tatsächlich inkarnierte Engel und Aufgestiegene Meister, die uns auf der Erde eine wertvolle Hilfe sind. Anfangs war ich verständlicherweise sehr skeptisch. Engel waren für mich immer Wesen aus Licht und keineswegs Menschen. Doch mit der Zeit durfte ich erkennen, dass in mir wirklich wundervolle Veränderungen stattfanden. Das Vertrauen wuchs mehr und mehr. Mein Bewusstwerdungsprozess begann während einer sehr intensiven Ausbildungswoche des Lichtengels Chamuel (Silke Schauffert, Kontaktadresse im Anhang), und es ging zu Hause viele Monate weiter.

In einer Nacht stand ich vor dem geöffneten Himmel, sozusagen vor Gott. Ich empfand Gott als unermessliche Liebe, als Kraft des tiefen Friedens und des „Einverstandenseins“ mit Allem-was-ist. Gleichzeitig gab es mich als Individuum in dem Moment nicht mehr, ich war Teil des Göttlichen. Genau genommen ist der Name Gott auch nur ein menschlicher Versuch, um etwas mit Worten nicht Beschreibbares zu begreifen. Unser begrenzter Verstand reicht nicht aus, um es in der ganzen Tiefe zu erfassen, dafür brauchen wir unser Herz. Ich versuche es einmal mit meinen Worten: das All-umfassende, Grenzen-lose oder: die Einheitsseele, in der „Ich Bin“, von der „Ich Bin“ und immer war. Die Einheitsseele, die alles ist, überall ist, ohne Anfang und Ende, und die alles durchdringt. Und das nicht nur im Himmel, auch auf der Erde.

Bei Gott durfte ich in aller Einfachheit „da sein“. Ich

musste nichts tun, nichts beweisen, nichts darstellen, nicht mal dienen. Hier durfte ich sein, wie ich bin und mit allem, was ich bin. „Einfach sein“, ohne Bedingung und Wertung. Glückseligkeit pur! Dieses Gefühl der bedingungslosen Liebe ließ mich die nächsten Wochen irgendwie schweben und durch den Alltag fließen. Ich fühlte mich getragen, empfand tiefen Frieden und konnte viel Kontrolle im Alltag loslassen.

In einer anderen Nacht fand ich mich im Elfenreich wieder, auch sie zeigten mir, wie sehr sie mich liebten und welche Bewunderung sie für mich empfanden. In der göttlichen Einheit hatte ich mehr die Liebe zu „allem“ gespürt, hier war ich als Person gemeint. Das war für mich ein unbeschreiblich schönes und sehr tiefgreifendes Erlebnis, das über jedes menschliche Verständnis hinausging. Ich war tatsächlich nicht allein und konnte mich zu jeder Zeit an ihre Liebe zu mir erinnern und sie spüren.

So ging es Schritt für Schritt weiter. Die Geistige Welt arbeitete Tag und Nacht mit mir, kaum hatte ich ein Thema integriert, wartete schon das nächste auf mich. Es bildete sich eine Frage, und kurze Zeit später zeigte die Geistige Welt mir Antworten. Dieses geschah durch Situationen, in die ich geführt wurde, und durch Botschaften in Meditationen und Träumen. Mein Bewusstsein erweiterte sich dadurch in rasantem Tempo. Eine sehr große Hilfe war in der Zeit meine kleine Elfe Ricarda. Sie ist etwa zwölf Zentimeter groß, hat einen braunen Rock und ein braunes

Top an, ist immer barfuß und hat wuschelige, rötliche Haare. Ricarda hat die typischen spitzen Ohren und filigrane, in allen Farben schimmernde Flügel. Außerdem hält sie in der rechten Hand einen Zauberstab, der an der Spitze bunte Funken versprüht. Ricarda war es, die mich zu den Reisen ins Land der Elfen und Feen abholte und mir liebevoll alles zeigte. Sie machte mir deutlich, dass ich Teil der göttlichen Liebe bin, nie etwas anderes war und auf der Erde eine Aufgabe habe, die es jetzt zu erfüllen gilt.

Außerdem wurde mir bildlich gezeigt, wie ich mir das mit der Trennung vorstellen konnte. Die Geistige Welt arbeitet so mit uns, wie wir es am besten verstehen. Manche Menschen sehen Farben, spüren die Energie, bekommen Symbole gezeigt oder hören Botschaften. Ich konnte schon immer ganz gut Bilder sehen. Die Erzengel sprechen immer davon, dass wir verbunden sind mit Allem-was-ist. Das konnte ich jedoch lange nicht fühlen. So wurde ich wieder einmal mitgenommen auf eine Reise ins Universum. Ich sah eine Lichtwolke, die sich aus mir herausbewegte. Diese Wolke schwebte nach oben und verschmolz mit der Liebe des ganzen Universums. Wie bei Gott gab es mich als Persönlichkeit in dem Moment nicht mehr. Ich fühlte mich frei, konnte mich sehr weit ausdehnen und war gleichzeitig mit allem verbunden, außerdem hörte ich wundervolle Klänge und begann regelrecht zu fliegen. Ich spürte, dass es Trennung nur in der Materie gibt. In der allumfassenden Liebe ist alles eins, wir selbst sind die Liebe.

Nun konnte ich die Liebe und das Licht in mir wirklich fühlen und sehen. Ich hatte den tiefen Wunsch, diese Liebe hierherzubringen. Es war so viel Liebe in mir, dass es zeitweise kaum auszuhalten war, und ich empfand es manchmal sogar sehr schmerzhaft, die göttliche Liebe in der Enge eines menschlichen Körpers zu fühlen. Ich spürte aber auch eine nie zuvor gekannte Klarheit und Präsenz in meinem Inneren. Die Präsenz des Augenblicks, im Hier und Jetzt zu sein, nicht im Gestern oder im Morgen, und viele alltägliche Probleme lösten sich dadurch auf.

Es gab in der Zeit auch intensive Erfahrungen der Traurigkeit. In der Welt, aus der wir alle kommen, ist alles in Liebe miteinander verbunden, es gibt keine Trennung. Ich wollte meine Aufgabe hier erfüllen, hatte aber das Gefühl, die Menschen nicht erreichen zu können. Erst jetzt erkannte ich, wie verschlossen die Menschenherzen sind und wie viele sich vor der Liebe aus Angst vor Verletzungen schützen. Da es noch nicht so viele Menschen in unserer Umgebung gibt, die das Gleiche in sich wahrnehmen, fühlen wir uns auf diesem Weg manchmal etwas einsam. Und es gibt Zeiten, in denen uns alles zu überrollen scheint. Wir fühlen die Enge und das Gebundensein des Erdenkörpers und möchten uns am liebsten daraus befreien. Vielleicht erinnern wir uns sogar an die Freiheit und Leichtigkeit des körperlosen Seins.

Warum sind wir hier?

Die Stimme unseres Herzens ist die Verbindung zu unserer eigenen Göttlichkeit. Und sie ist die unsichtbare Nabelschnur zu der großen göttlichen Seele. Durch sie werden wir genährt, und es wird uns Leben eingehaucht. Sie nährt und belebt unser Inneres Kind, die Frau, den Mann, den Heiler, den Weisen und den inneren Engel. Nun gibt es verschiedene Möglichkeiten, mit diesem Wissen umzugehen. Wir können es einfach ignorieren und nicht an unsere göttliche Verbindung glauben. Dann werden wir unter Umständen holprig durchs Leben stolpern und uns in schwierigen Situationen nicht gehalten fühlen. Wir glauben, unser Leben endet mit dem Tod, und wir können nicht allzu viel Sinn darin erkennen.

Eine andere Möglichkeit ist, wir glauben an das Göttliche und geben jegliche Verantwortung an Engel, Aufgestiegene Meister oder auf irdischer Ebene an SeminarleiterInnen ab. Das geschieht oft am Beginn des Erwachens. Wir haben unseren göttlichen Kern erkannt, wir fließen durch den Tag, und alles Äußere wird nebensächlich. In dem Wissen, nicht der Körper zu sein, vernachlässigen so manche ihren äußeren Tempel. Wir fühlen uns mit der göttlichen Liebe verbunden und wollen dem Göttlichen mit unserem ganzen Sein dienen.

Ja, wir haben eine Aufgabe, eine Mission übernommen. Wir sind gekommen, um unser göttliches Licht auf der Erde strahlen zu lassen. Aber um unsere Mission zu erfüllen, müssen wir mit beiden Beinen auf der Erde bleiben. Es nützt niemandem etwas, wenn wir uns aus dem alltäglichen Leben ausklinken, uns nur noch in hohen Energien, in lichtvollen Dimensionen aufhalten und uns mit gleichgesinnten Menschen umgeben. Hätte Sananda (Jesus) dieses getan, hätte er niemals so viel bewirken können. Die Gefahr ist am Anfang sehr groß, denn wir spüren schon sehr bald, dass diese Ebenen unser wirkliches Zuhause sind. Nur fällt es uns auf Dauer immer schwerer zu unterscheiden, was wirklich vom Licht ist und was nicht. Denn genau an diesem Punkt kann uns das kleine Ego blenden. Wir sehen überall nur noch Licht und schauen beim Schatten weg. Das tiefe Sehnen nach „himmlischen" Bereichen führt mit der Zeit zu Handlungsunfähigkeit in unserem alltäglichen Dasein. Wir verbringen viel Zeit mit Träumereien und wollen die irdische Realität nicht wahrnehmen. Um hier etwas bewirken zu können, müssen wir bereit sein, Licht und Schatten zu sehen. Denn auf diesem Planeten gibt es zurzeit noch sehr viel Dunkelheit. Eine Möglichkeit kann sein, zu Wanderern zwischen den Welten zu werden. Uns in der Welt der Einheit zu bewegen, die genauso hier und real ist, um die nötige Kraft zu bekommen, das Dunkel der Erdatmosphäre zu durchlichten, wie auch die Welt, in der wir uns täglich bewegen, vollständig wahrzunehmen.

Um uns zu unterstützen, sind sehr viele geistige Helfer zugegen, und wir finden zunehmend mehr Hilfe auf der irdischen Ebene. Es gibt immer mehr Menschen, die den Aufwachprozess durchlebt und die Wahrheit erkannt haben. Stellen wir sie aber nicht auf einen Sockel oder lassen es zu, durch andere auf einen Sockel gestellt zu werden! Das führt wieder nur zu Trennung und zu Abhängigkeit. Machen wir uns bewusst, dass dieses die Dualität ist, die wir eigentlich überwinden wollen. Keiner ist mehr, keiner ist weniger. Und in Wahrheit geht es nur um mehr oder weniger Wissen. Damit ist nicht das intellektuelle Wissen, sondern es ist das Erinnern an die ureigene Wahrheit, die wir alle tief in uns tragen, gemeint. Die wirkliche erkennende Wahrheit, die in uns Resonanz findet, die Fenster öffnet und Türen des alten Denkens verschließt. Darin können uns spirituelle LehrerInnen und Energieübungen sehr unterstützen. Früher oder später werden wir uns alle erinnern. Es wird in der Zukunft weniger Gläubige, dafür mehr Wissende geben. Das Schöne daran ist, die Chance, sich zu erinnern, war niemals größer! Deswegen sind wir hier. Wir mussten unsere Flügel abgeben, um laufen zu lernen, denn fliegen können wir bereits. Und tief in unserem Herzen wissen wir auch, wie sich reines Bewusstsein und wahre Liebe anfühlen.

Das Erwachen in unserem wahren Sein ist sehr erhebend und wunderschön. Manche sagen, es ist das Ende jeglichen Leidens. Tatsächlich verändert sich dadurch sehr vieles zum Positiven, aber es kann auch Leid bedeuten, die Wahrheit zu kennen und das Gefühl zu haben, sie nicht vollständig hier leben zu können. Wir wollen nicht missionieren, uns nicht aufdrängen, und öffnen uns dann vielleicht nur den Menschen, die die Wahrheit sowieso schon kennen. Trost finden wir darin, dass Sananda am Anfang mit seiner Wahrheit auch ziemlich allein dastand. So viel Mut wie Sananda brauchen wir heute nicht mehr aufzubringen, und es wird auch niemand für seine Wahrheit gekreuzigt. So gesehen, leben wir in Goldenen Zeiten.

Nur, wie integrieren wir all dies in unser alltägliches Leben? Ich haderte oft damit, hier zu wenig bewirken zu können, worauf mir mein Geistführer eine einfache Situation aus meinem Leben zeigte, die ich schon längst vergessen hatte. In der Vorweihnachtszeit war ich mit dem Auto in der Stadt unterwegs, auf der Suche nach einem Parkplatz. Nach einigem Umherfahren sah ich eine Parklücke, fuhr schnell hinein und dachte so bei mir: „Danke, liebe Engel, für den Parkplatz", als ich plötzlich ein wildes Gehupe und wütendes Geschimpfe eines Mitbürgers hörte. Offensichtlich hatte ich ihn übersehen und ihm den Parkplatz weggenommen. Da dies wirklich nicht meine Absicht war, entschuldigte ich mich freundlich bei ihm und wollte gerade wieder herausfahren, als neben mir noch ein Parkplatz frei wurde. Wir kamen sehr nett ins Gespräch, und beim Verabschieden war kein Groll mehr bei ihm spürbar. Eine scheinbar banale Begebenheit, könnte man denken, aber nicht so für die Geistige Welt.

Was ist, wenn...?

... tatsächlich die allumfassende Liebe in deinem Herzen erwacht ist?

... du die göttliche Liebe sehen kannst, wo andere sie nicht wahrnehmen?

... du nicht mit Freunden oder Partnern darüber sprechen kannst, weil sie nicht verstehen werden, was du meinst?

... du so vieles in deinem Leben nicht mehr tun könntest, weil du immer mehr fühlst, was aus Liebe geschieht und was nicht?

... du in die Welt hinausblickst und keine Liebe darin erkennen kannst?

... du einiges mit ganz anderen Augen ansiehst als die meisten Menschen deiner Umgebung?

... dein inneres Licht beginnt, immer heller zu strahlen und du nicht nur von der lichten Seite deutlicher gesehen wirst, sondern auch von der dunklen?

... du soviel Liebe in dir verspürst, aber es den Menschen nicht mitteilen kannst, weil sie nicht verstehen, dass damit nicht nur die personifizierte Liebe gemeint ist?

... die Sehnsucht nach „zu Hause" dich gelegentlich zu überwältigen scheint?

... du manchmal das Gefühl hast, mit dem, was in dir erwacht ist, hier nicht mehr „normal" leben zu können?

Dann werden tausend Engel dich tragen!

Da der Schleier des Vergessens immer durchsichtiger wurde, konnte ich in meiner Umgebung alles viel klarer sehen. Ich sah die ganze Schönheit und das Zauberhafte dieser Erde, und auch die Liebe in den Menschen. Die wundervolle Liebe, die hinter den Verletzungen ist. Die Liebe, die hinter all den Masken und Mauern ist, mit denen wir uns schützen. Die Liebe, die wir alle sind und nur vergessen haben. Darum gibt es für mich auch kein wirkliches Erwachen, sondern nur ein Erinnern dessen, was unser Ursprung ist, ein Erkennen und Ankommen in unserem wahren Sein, in unserem wahren Zuhause. Wir alle haben dieses Wissen in uns und kennen das Suchen nach der Wahrheit. Dieses tiefe Sehnen nach etwas, was sich so schwierig mit Worten erklären lässt. Die Liebe und das Glück suchen wir oft im Außen. Jedoch ist alles, was im Außen passiert, vergänglich. Es kommt und geht. Die Liebe in uns ist immer gegenwärtig.

☆☆☆☆☆

Was ist anders, wenn wir aus dem Traum erwachen und uns erinnern, wer wir sind?

Werden wir innerlich lichtvoller, können wir mehr und mehr wahrnehmen was wirklich an innerem Reichtum in uns ist, viele Äußerlichkeiten werden unwichtig und verlieren ihren Glanz. Wir erfreuen uns an Dingen, brauchen sie aber nicht mehr für unser Wohlbefinden. Die Anhaftung fällt weg. Und es gibt Veränderungen, die im Aufwachprozess einfach geschehen. Das erstaunt uns umso mehr, wenn wir vielleicht jahrelang an verschiedenen Themen gearbeitet haben und plötzlich innere Wandlungen mit Leichtigkeit passieren. Auf diesem Weg können wir uns gewiss sein, dass alles, was leicht ist, natürlich ist und der göttlichen Ordnung entspricht.

Dazu gehört, dass wir uns an Gesprächen mit negativen Inhalten nicht mehr beteiligen wollen, weil es für uns nicht mehr stimmt. Da solche Gespräche in der Gesellschaft sehr viel Gewicht haben, gibt es für uns immer weniger Themen. Aber wir werden mit der Zeit fähiger, ungute Gesprächssituationen durch unsere innere Wahrheit zu verwandeln und zu transformieren.

Leben wir Liebe aus dem Herzen, fallen Bewertungen und Schuldzuweisungen, die sich gegen uns und andere richten, immer mehr weg. Wir übernehmen für unsere Handlungen die Verantwortung und überprüfen stets unsere Motivation. Innerlich werden wir weicher und mitfühlender und sehen bei Menschen, die uns mit Worten treffen, ihre eigenen Wunden und Begrenzungen. Durch diese Sichtweise finden Angriffe durch Mitmenschen immer weniger Resonanz in unserem Inneren. Sind wir innen friedvoll und still, bleiben die Stürme des Lebens draußen. Natürlich gibt es emotionale Situationen, die Unerledigtes in uns berühren, aber es wird von unserem Ego nicht mehr in die Länge und Breite gezogen. Dadurch verkürzt sich die Zeit des Ungleichgewichts in uns erheblich, und wir finden schneller in die eigene Mitte zurück. In diesem Moment ärgern wir uns vielleicht über etwas, und im nächsten Augenblick lachen wir schon wieder.

Unser Ego wird kleiner, in dem Maße, wie die Liebe in unserem Herzen zunimmt. Wir müssen uns nicht mehr selbst darstellen oder beweisen, wie weit wir schon sind. Wir nehmen uns weniger wichtig, hierdurch wird der Umgang für andere mit uns leichter. Je weiter wir im Aufwachprozess fortgeschritten sind, desto einfacher und unkomplizierter werden wir. Wir können mehr für andere da sein, hören, was sie wirklich sagen, und interpretieren weniger hinein. Die Beziehungen zu anderen Menschen werden somit tiefer und fruchtbarer. Selbst Menschen, die uns nicht kennen, nehmen wahr, wie wir aus unserem Inneren strahlen, und fühlen sich zu uns hingezogen. Sie fühlen sich in unserem Energiefeld frei und leicht.

Außerdem verbessert sich die Intuition und wir spüren

deutlicher was der ureigenen Wahrheit entspricht. Wir wissen einfach! Wir bekommen ein untrügliches Gefühl dafür, was innerhalb der göttlichen Ordnung frei fließt, sich somit richtig anfühlt, und was sich eher künstlich und falsch anfühlt. Unser Vertrauen in die göttliche Führung wächst auf diese Weise beständig an.

Durch die Schwingungserhöhung unseres Körpers finden auch physische Veränderungen statt. Das körperliche und geistige Energieniveau steigt an, aber wir werden auch sehr viel sensibler für jegliche Energien, seien es positive oder negative. Durch positive Energien erhöht sich unsere, vielleicht sowieso schon angehobene Schwingungsfrequenz. Spürbar wird dies durch Vibrieren des Körpers. Bei sehr hoher Schwingung entsteht das Gefühl, als wenn jede Zelle im Körper in Bewegung ist. Gelegentlich kann es sogar zu Schwindel und ein Gefühl von „Abgehobensein“ führen oder eine Art Trance, ein: „Nicht-mehr-ganz-da-Sein.“

Negative Energien spüren wir dadurch, wie sich der Solarplexus verkrampft beziehungsweise ein Kribbeln durch ein körperliches Schwächegefühl und allgemeines Unwohlsein. Wo viele Menschen zusammenkommen, treten auch gehäuft negative Energien auf. Um diesen nicht ausgeliefert zu sein, ist es hilfreich, sich vorher mit einem guten Schutz, wie beispielsweise einer Lichtsäule, zu umgeben. Ein Rosenquarzstein, den wir um den Hals tragen können, etwa in der Höhe des Herzchakras, schirmt uns ebenfalls zusätzlich von negativen Energien ab.

Bei der Ernährung fühlen wir uns immer mehr zu leichter Nahrung mit viel lebendiger Lichtkraft hingezogen. Wir spüren, welches Essen uns guttut und welches uns eher Energie raubt. Empfinden wir etwa eine halbe Stunde nach einer Mahlzeit Müdigkeit und Erschöpfung, war die Ernährung unserem Lichtkörper nicht dienlich.

☆☆☆☆☆

Das Ego *oder* Die Dämonen im Aufwachprozess

Anselm Grün beschreibt in seinem Buch „Der Umgang mit dem Bösen“ die Dämonenlehre der alten Mönche, die erfuhren, dass sie der Weg zu Gott zunächst in den Kampf mit den dunklen Mächten führte. Mächte, die sie von Gott abhalten wollen, nannten die Mönche Dämonen. Sie wirken in ihren Wünschen, Trieben, Motivationen und Emotionen. Anselm Grün schreibt: „...dass die Mönche eine Wirklichkeit zur Sprache bringen, der wir uns alle zu stellen haben. Auf unserem Weg zu Gott erfahren wir, dass in uns vieles ist, das uns von Gott abhalten will. In uns sind Triebe, begehrliche Wünsche, überzogene Bedürfnisse, Machtgelüste, negative Emotionen, die uns blind machen für die Realität, heftige Affekte, die uns durcheinanderbringen und uns den Blick für Gott verstellen. Die Mönche haben erfahren, dass man nicht zu Gott kommen kann, ohne sich diesen Trieben zu stellen.“

Heute würde man eher vom Ego, negativen Gedanken, niedrigen Schwingungen, dunklen Wesenheiten oder von Luzifer sprechen. Mir selbst gefällt das Bild des Dämons sehr gut, denn indem ich alles Negative auf einen Dämon projizieren kann, habe ich viel leichter die Möglichkeit, damit umzugehen. Wir können das Böse nicht aus der Welt schaffen, wir können ihm nur die Macht entziehen, indem wir diesen sogenannten Dämonen keine Energie mehr geben und uns mit diesen Anteilen in uns aussöhnen. Es geht hierbei um die Integration des eigenen Schattens. Hierzu ist es wichtig zu erkennen, wann Dämonen in unserem System wirksam werden, denn schon alleine das Wissen um das Wirken eines Dämons lässt uns eine gewisse Distanz dazu einnehmen. Zum Kennenlernen der Dämonen ist es erforderlich, sich lange und ehrlich selbst zu beobachten. Dies geht jedoch nur aus einem inneren Abstand heraus, stecken wir gerade mitten in negativen Emotionen, ist es uns oft nicht möglich, klar die Zusammenhänge zu erfassen. Unterscheiden können wir, indem wir analysieren, woher ein Gedanke kommt. Fühlen wir uns innerlich unruhig, aufgebracht und verwirrt, stammt der Gedanke von einem Dämon. Spüren wir innere Ruhe, Frieden und Klarheit, kommt der Gedanke aus unserer ureigenen göttlichen Wahrheit.

Anselm Grün schreibt hierzu: „Entscheidend ist immer die Reaktion des Menschen auf äußere Ereignisse. Wenn wir leidenschaftlich reagieren, lassen wir uns von einem Dämon beeinflussen. Wenn wir die Dinge im Licht der eigenen Begierden und Emotionen sehen, wenn wir also unsere Projektionen auf die Dinge werfen, dann wirken durch die Dinge Dämonen auf uns ein. Sie täuschen uns und halten durch die Dinge gefangen. Wenn wir die Dinge und äußere Widerfahrnisse dagegen im Licht Gottes sehen, von Gott kommend und uns von Gott zugedacht, dann kann uns alles zum Heil dienen."

Im Aufwachprozess auf dem Weg in unsere Ganzheit, unsere Göttlichkeit, begegnen uns verschiedene Dämonen, die uns auf raffinierte Weise aus dem Gleichgewicht bringen wollen. Wir sind uns häufig nicht bewusst, in wie vielfältiger Weise die Dämonen in uns wirken, denn sie finden immer die Schwachstellen der Unbewusstheit.

Anselm Grün sagt: „Erfahrungen, die im Menschen heftige Emotionen hervorrufen, wirken sich destruktiv bei ihm aus, falls sie nicht verarbeitet wurden. Die Dämonen halten die Wunden der Vergangenheit offen und lassen immer wieder mit der Erinnerung daran schädliche Emotionen wach werden, vor allem Verbitterung, Traurigkeit und Mutlosigkeit".

Die alten Mönche blieben beim Erwachen der schädlichen Emotionen, wenn es anfing, in ihnen zu brodeln und alles zu explodieren drohte, ganz bei sich. Gerade in solchen Momenten blieben sie in ihrer Kammer, in ihrer Zelle. Denn sie erkannten, dass sie nur dadurch an die Wurzel zum Eigentlichen ihrer Probleme gelangen konnten. Flüchteten sie in solchen Momenten, brachten sie sich um die Chance, alte Wunden heilen zu lassen.

Auch hier gilt: In der vollständigen Akzeptanz und im Anerkennen unserer eigenen Sündhaftigkeit kann Frieden geschehen! Unser Ego ist durch die Schöpferkraft Gottes entstanden, es ist Gottes Werk, nehmen wir es in Liebe an, lassen es ans Licht kommen und dadurch Erlösung finden. Wir werden mehr und mehr fähig, unserer eigenen Sündhaftigkeit und der unserer Mitmenschen mit Mitgefühl und Verständnis zu begegnen.

☆☆☆☆☆

Die Neue Zeit (Erzengel Gabriel)

In der Verbindung mit Erzengel Gabriel kommt eine sanfte, weiche, sehr weibliche Energie zu mir. Kleine Lichtsternchen prickeln auf der Haut. Ich werde eingehüllt in einen warmen Mantel aus leuchtend weißem Licht. Es zeigt sich das Bild eines klaren Sees, als Symbol, sich selbst darin zu erkennen. Gabriel kann unsere Gedanken durchlichten, uns Neues lehren, sie erscheint in einem seidig langen, weißen Gewand und hat so etwas wie eine gute, fürsorgliche Mutterenergie.

Für uns Engel ist alles einfach, klar und schön. Darum möchten wir euch inniglich bitten, euch dafür zu öffnen, um das zu sehen, was an Schönheit und Strahlkraft in euch ist. Stellt euch vor, ihr seid gläsern, und in der Mitte eurer Brust, da, wo euer Herzchakra ist, strahlt ein helles Licht. In diesem Licht ist alles enthalten, was ihr braucht: die Liebe zu euch, die Liebe zu euren Mitmenschen, zur Natur und die Liebe zu allem, was in diesem Kosmos existiert. In diesem Licht existieren auch das Glück und der Frieden. Wie würde sich das anfühlen? Hätte die Suche und das Leid dann nicht ein Ende?

Wie wäre es, wenn ihr das gleiche Licht auch in anderen sehen könntet. Dieses Licht sehen wir in jedem von euch. Könnt ihr jetzt verstehen, warum wir euch so sehr lieben? Wir sehen die Dinge aus einer höheren Sicht und kennen eure Bestimmung. Deswegen wissen wir, dass al-

les, was geschieht, aus Liebe geschieht, damit ihr euch auf der irdischen Ebene erfahren könnt. Liebe, die sich nur auf verschiedene Art und Weise ausdrückt. Habt ihr Vertrauen zu der göttlichen Führung, werden auch die scheinbar negativen Dinge in eurem Leben schnell vorübergehen, weil ihr nicht allzu lange daran festhalten werdet. Ihr könnt sie aus einem Abstand heraus ansehen, sie zulassen und weitergehen.

Ich lehre euch das Denken der Neuen Zeit, das Denken, das Wunder erschafft. Ihr werdet immer mehr verstehen, dass ihr mit der jetzigen Denkweise viel Leid und Schatten manifestiert. Um die Dunkelheit auf der Erde zu durchlichten, werdet ihr mehr und mehr erkennen, dass ihr die Schöpfer eurer Realität seid. Eure Gedanken sind schöpferische Kräfte, geht sorgsam mit ihnen um. Liebevolle wie auch negative Gedanken wirken im ganzen Kollektiv. Macht euch immer wieder bewusst, dass sich eure Gedanken im Außen manifestieren.

Denkt ihr:

„Ich bin Liebe“, werdet ihr zu Liebenden.
„Ich bin Licht“, erstrahlt ihr im hellen Glanz.
„Ich bin reich“, manifestiert sich Fülle.
„Ich bin stark“, nimmt eure innere Kraft zu.
„Ich liebe mich“, erblüht ihr in Schönheit.
„Ich bin schön“, werdet ihr lichtvoll.

Es hat die Zeit begonnen, in der viele, sehr sanfte Kinder auf die Welt kommen, und auch viele schon da sind, die euch die neue Art zu denken lehren. Seht ihnen tief in die Augen, und ihr werdet die allumfassende Liebe erkennen. Sie sind hellstrahlende Seelen in lichtvollen Körpern. Seht das Strahlen, die Reinheit und den Frieden in ihren Augen, sie sind hier, um euer Herz mit Liebe und Freude zu erfüllen. Sie blicken euch tief in die Seele, erkennen euch und freuen sich, wieder mit euch vereint zu sein. Die Kinder der Neuen Zeit kommen aus der reinen Liebe wie ihr selbst, die ihr es nur vergessen habt. Behandelt sie entsprechend. Schürt keine Ängste mehr, behütet sie so, dass sie sich sicher und geborgen fühlen können. Schafft ihnen auch dieses liebevolle Umfeld in Kindergärten und Schulen. Sie sollten Freude am Lernen haben, nur so können sie ihre Fähigkeiten entfalten. Denkt daran, dass die Kinder aus der Liebe kommen und gewaltbezogene Filme und Spiele ihren Energiekörper verunreinigen können. Lasst sie sich viel in der freien Natur aufhalten, damit sich ihr Energiefeld selbstständig reinigen kann.

Die Kinder der Neuen Zeit bringen euch die Fähigkeit, an Wunder zu glauben, zurück. Deswegen ist es wichtig, ihnen mit offenem Herzen zu begegnen. Sie brauchen nicht viel Geld oder Besitz, sondern eure Aufmerksamkeit, Achtung und bedingungslose Liebe. Hört auf eure Kinder, auch wenn sie noch so klein sind. Behandelt sie voller Liebe und Respekt. Lasst sie mehr Entscheidungen treffen. Sie kommen schon mit sehr viel Wissen. Hört ihnen mit dem Herzen zu, ihr könnt viel von ihnen lernen. Stärkt in euren Kindern die Selbstliebe, indem ihr sie liebt. Stärkt in ihnen das Selbstvertrauen, indem ihr ihnen vertraut. Öffnet euch für das Wissen, das sie mitbringen. Eure Kinder sind sehr kraftvoll, helft ihnen, ihre eigene Kraft zu spüren. Kinder werden viel bewegen in der Zukunft, bereitet sie auf ihre große Aufgabe vor. Ihr seid die Wegbereiter für die neuen Generationen. Ihr bereitet den Boden und legt die Saat. Das Ziel ist, einen lichtvollen Planeten zu erschaffen. Ihr steht vor dem Tor der neuen Welt und seid Schöpfer. Erschafft und helft mit, Liebe wachsen und gedeihen zu lassen.

☆☆☆☆☆

Blick in die neue Welt

Es hat sich der dunkle Schleier der Angst und Gewalt gehoben, und es ist eine helle, warme und sanfte Welt zu sehen. Eine Welt der Liebe, Leichtigkeit, Freude und des Friedens. Tiefes Aufatmen, das Gefühl, endlich wieder Luft zu bekommen, ist in dieser Atmosphäre wahrnehmbar. Alles ist umgehend heller und lichter geworden. Die Menschen leben in großen Gemeinschaften, in Frieden mit ihren Mitmenschen, den Tieren und der Natur. Jeder ist für jeden da und sorgt sich um das Wohlergehen aller. Es ist die Energie der Ruhe und des liebevollen Miteinanders spürbar. Die Häuser sind aus Naturmaterialien gefertigt, und es gibt keine Zäune und Mauern. Mutter Erde gehört sich selbst, und die Menschen erheben kein Anrecht auf Besitz.

In der neuen Welt wird es keine Gewalt mehr geben, weder gegen Menschen noch gegen andere Lebewesen. Das Mitgefühl für andere hat einen hohen Stellenwert. Licht und Schatten sind mehr im Gleichgewicht, die extreme Dualität der heutigen Zeit hat keinen Bestand. Menschen können sich wieder auf ihre eigentlichen Aufgaben besinnen. Sie helfen einander mit ihrem Können und Wissen. Nahrungsmittel werden weitestgehend selbst angebaut. Es findet keine Bewertung der Aufgaben statt, jeder bringt das in die Gemeinschaft ein, was er besonders gut kann. Ein Geschichtenerzähler hat den gleichen Stand wie ein Heiler oder Arzt.

Indem es andere Bezahlsysteme geben wird, verliert das Geld an Macht. Besitz und Geld anzuhäufen wird unwichtig, denn die wahren Werte des Menschen werden als wertvoller erachtet. Güter sind unter den Menschen gleichmäßiger verteilt, und jeder hat das gleiche Recht auf die Erfüllung seiner Grundbedürfnisse. Als Mensch auf der Erde zu sein ist Grund genug, um mit dem Nötigsten versorgt zu werden.

Menschen erhalten gigantisches Wissen von anderen Galaxien über leisere, umweltverträglichere Technologien, denn der Umweltschutz ist ein vorrangiges Anliegen. Unsere Mutter Erde (Lady Gaia) wird wieder als eigenständiges, liebevolles Wesen anerkannt, das es zu achten und zu schützen gilt.

Werden die Menschen innerlich schöner, zeigt es sich umgehend im Außen. Es sind Landschaften und Blumen in herrlichen, intensiven Farben zu sehen. Mensch und Tier leben friedlich nebeneinander. Tiere bekommen wieder mehr Vertrauen zu den Menschen. Sogar wilde Tiere nähern sich ihnen. Der Kontakt zu Elementarwesen wird wieder hergestellt und in den Alltag der Menschen integriert. Elfen, Feen und andere Wesen haben einen Platz, dadurch erfahren auch die unsichtbaren Welten eine große Erleichterung, ein Aufatmen, und gewinnen an Kraft. Sie können sich wieder zeigen und helfen den Menschen gerne.

Kinder sind von Anfang an vollwertige Mitglieder. Sie entscheiden selbstständig, was sie lernen möchten. Da jeder von den Menschen dort weiß, dass Kinder bereits vollkommen sind, werden sie auch nicht erzogen, sondern liebevoll und gemeinschaftlich von allen geführt.

Um diese Welt zu erschaffen, braucht es jeden Einzelnen von euch, jeder ist wichtig. Bereitet mit euren Gedanken und Handlungen einen fruchtbaren Boden. Legt eine gesunde Saat, die durch eure Liebe und durch die Kinder der Neuen Zeit heranwachsen und prachtvoll erblühen wird. Fangt heute damit an, die Liebe, die in eurem Herzen ist, strahlen zu lassen. Die Liebe in eurem Herzen ist der Dünger für die neue, lichtvolle Zeit. Wirkt mit an der Erschaffung des Paradieses. Ihr habt bereits alles, was ihr dazu benötigt.

Meine Botschaft lautet: „Es ist an der Zeit, die Liebe in deinem Herzen dein ganzes Sein erfüllen zu lassen und in die Welt zu schicken. Die göttliche Liebe nicht nur in dir zu bewahren, sie größer und kraftvoller werden zu lassen, sodass du zum Segen für alles um dich herum wirst. Werde dir immer mehr deiner Größe und deines Lichts bewusst."

Gebt dem Schatten um euch herum keine Energie mehr, seht die Dunkelheit und bleibt in der Liebe. Glaubt daran, dass auch Einzelne sehr viel erreichen können. Ermächtigt euch, mitzuwirken. Tragt euer Licht in die Welt und entzündet in jedem Menschen, der euren Weg kreuzt, den Lichtfunken. Entfacht und aktiviert euer inneres Licht täglich neu und lasst es durch euch selbst nach außen strahlen. Erhellt das Licht eure Umgebung, gibt es Lichtinseln, die im ganzen Kosmos zu sehen sind. Aus unserer Dimension sehen wir immer mehr solcher Lichtinseln entstehen. Findet euch zusammen. Bildet Gruppen, bildet Lichtnetze um die ganze Erde. Unterstützt und stärkt euch gegenseitig. Nutzt die Computer, um Lichtimpulse in die Welt zu schicken. Es gibt heute so viele wundervolle Möglichkeiten.

☆☆☆☆☆

Wodurch können wir unsere Kinder liebevoll unterstützen?

- Akzeptanz der Individualität wie die Vollkommenheit eines jeden Kindes.
- Stärkung der Persönlichkeit durch Achtung und liebevollen Umgang.
- Förderung der Selbstliebe, Selbstannahme und Selbstergründung.
- Angst- und gewaltfreies Umfeld zu Hause und in öffentlichen Einrichtungen.
- Lernen durch Freude und eigene Entscheidung.
- Gesunde Nahrung aus biologischem Anbau.
- Fehlende Chemikalien in Wäsche und Haushalt sowie Kleidung aus Naturmaterialien ohne chemische Behandlung.

Lerninhalte für eine ganzheitliche Führung von Kindern und Jugendliche könnten sein:

- Fähigkeiten (Hellsichtigkeit, Hellfühligkeit, Spüren von Energien usw.) besser verstehen lernen und fördern.
- Wahrnehmung dieser Fähigkeiten und der sinnvolle Umgang damit.
- Das menschliche Energiesystem, Energiearbeit und Seelenländer.
- Vertrauen in die eigene Wahrheit lernen und darauf hören.
- Schutz und Reinigung der Chakren und der Aura.

- Das Leben in erfüllten, nährenden Beziehungen durch ein liebevolles Miteinander.
- Die Achtung aller Lebewesen und der friedvollen Umgang mit der Natur.
- Die Wichtigkeit vermitteln, sich in der freien Natur aufzuhalten.
- Der gesunde Umgang mit dem eigenen Körper und Erwecken der Selbstheilungskräfte.

☆☆☆☆☆

Rücktritt vom Erwachsensein (Autor unbekannt)

Der folgende Text, der mir „zugefallen“ ist, hat mich sehr berührt, weil er die Sehnsucht nach einer heilen, unbelasteten Welt erkennen lässt. Die Sehnsucht, von all dem, was hier geschieht, nichts wissen, nichts hören und sehen zu wollen. Leben wie ein Kind, in Freiheit und im einfachen Sein.

„Hiermit erkläre ich öffentlich meinen Rücktritt vom Erwachsensein. Ich habe beschlossen, die Bedürfnisse eines Sechsjährigen zu leben. Ich möchte zu McDonalds gehen und denken, es handle sich um ein Vier-Sterne-Restaurant. Ich möchte kleine Stöckchen über eine frische Lehmpfütze segeln lassen und kleine Wellen mit Steinchen machen. Ich möchte denken, dass Smarties besser sind als Geld, weil man sie essen kann. Ich möchte unter einer großen Eiche liegen und an einem heißen Sommertag mit meinen Freunden einen Limonadenverkauf betreiben.

Ich möchte zu einer Zeit zurückkehren, in der das Leben einfach war. Als alles, was ich kannte, Farben, Rechentafeln und einfache Schlaflieder waren, was mich aber nicht gestört hat, weil ich nicht wusste, was ich nicht wusste, und darüber auch nicht besorgt war. Als Glücklichsein alles war, was ich konnte, weil ich nichts über all die Dinge wusste, die einen beunruhigen und aufregen. Ich möchte denken, dass die Welt gerecht ist. Dass jeder in ihr aufrecht und gut ist. Ich möchte glauben, dass einfach alles möglich ist.

Irgendwann in meiner Jugend ... ich wuchs auf und lernte zuviel. Ich erfuhr von nuklearen Waffen, von Krieg, Vorurteilen, dem Sterben und von misshandelten Kindern. Ich erfuhr von Lügen, unglücklichen Ehen, Leid, Krankheit, Schmerz und Tod. Ich erfuhr eine Welt, in der Männer ihre Familien verließen, um für unser Land zu kämpfen, und wie sie zurückkehrten und ihr Leben in den Straßen beendeten, um ihre nächste Mahlzeit bettelnd. Ich erfuhr eine Welt, in der Kinder wussten, wie man tötet – und töteten!!!

Was ist mit der Zeit geschehen, in der wir glaubten, dass jeder ewig leben würde, weil wir das Prinzip des Todes nicht begreifen konnten? In der wir glaubten, dass das Schlimmste, was uns in dieser Welt passieren konnte, wäre, dass uns jemand unser Springseil wegnehmen oder uns als Letzten in die Handballmannschaft wählen würde?

Ich möchte gleichgültig sein gegenüber der Verworrenheit des Lebens und wieder überschwänglich erfreut sein über die kleinen Dinge. Ich möchte zu den Tagen zurückkehren, als Lesen für Spaß stand und Musik rein war. Als Fernsehen dazu da war, Neuigkeiten zu übertragen oder zur Familienunterhaltung, und nicht, um für Sex, Gewalt und Täuschung zu werben.

Ich erinnere mich, naiv gewesen zu sein und gedacht zu haben, dass jeder glücklich wäre, weil ich es war. Ich würde am Strand entlanglaufen und nur an den Sand zwischen meinen Zehen denken und an die schönste Muschel, die ich nur finden könnte. Ich würde meine Nachmittage damit verbringen, auf Bäume zu klettern oder mit meinem Fahrrad zu fahren. Ich wäre nicht besorgt über Zeit oder Rechnungen oder darüber, wie ich das Geld für die nächste Reparatur meines Autos auftreiben könnte. Ich malte mir aus, was ich tun oder sein würde, wenn ich größer wäre, und grübelte nicht darüber, was ich täte, wenn dies nicht klappen würde.

Ich möchte einfach wieder leben. Ich möchte nicht, dass meine Tage aus Computerabstürzen, Bergen von Akten und deprimierenden Nachrichten bestehen, oder wie ich mehr Tage überlebe, als das Geld auf der Bank für Arztrechnungen, Krankheit und Verlust von Geliebtem reicht.

Ich möchte an die Kraft eines Lächelns, einer Umarmung, eines netten Wortes glauben, an Wahrheit, Frieden, Träume, an die Vorstellungskraft, die Menschheit und an die Kraft, die davon ausgeht, im Liegen Rauschgoldengel in den frischen Schnee zu formen und den festen Glauben zu haben, dass Liebe Berge versetzen kann. Ich möchte einfach wieder sechs Jahre alt sein!“

Werdet wie die Kinder

Diesen Satz lesen wir immer wieder. Aber was bedeutet er eigentlich? Wie ist ein Kind, wie sieht und fühlt ein Kind? Wie können wir wieder zu Kindern werden, wenn vielen von uns dafür positive Erinnerungen aus einer schönen, unbelasteten Kindheit fehlen?

Wenn du möchtest, lade ich dich ein, einen kleinen Augenblick in der ereignisreichen Welt eines heilen Kindes zu erleben, der sich auf einer Blumenwiese abspielt, im hellen, warmen Sonnenschein. Um besser in die Bilder eintauchen zu können, schreibe ich es in der „Ich-Form“ und versuche, die Eindrücke des Kindes mit meinen Worten zu beschreiben. Kleine Kinder sehen und fühlen noch ganz klar alles, was um sie herum geschieht. Wesen und Energien aus anderen Ebenen werden ohne Beurteilung wahrgenommen. Sie lassen alles so stehen, wie es „Jetzt“ gerade ist. Das Leben im Augenblick beinhaltet, dass es kein Gleich oder Nachher gibt. Sie wollen erforschen und keine Grenzen in ihrem Dasein haben. Ihr Herzchakra ist weit geöffnet, und sie leben im tiefen Vertrauen, beschützt zu sein. Sie fühlen sich dazugehörig, eins und verbunden. Sie wollen spielen und Spaß haben. Die Welt um sie herum ist geprägt von einer Fülle an Eindrücken, spannenden Erlebnissen und aufregenden Abenteuern. Ein heiles Kind lebt ganz, wahrhaftig und authentisch.

„Ui, ist das schön hier, mit den vielen bunten Blumen. Was kitzelt denn da an meinem Bauch und an den Beinen? Ach so, das Gras, wie lustig. Mal ausprobieren, wie es ist, wenn ich schneller gehe. Dann kitzelt es schneller. Was ist das denn, da fliegt so ein dickes Wollknäuel vorbei? Schnell hinterher. Ob ich das wohl anfassen kann? Schade, jetzt ist das Wollknäuel weggeflogen. Was war denn das für ein großes Licht, das vorbeigehuscht ist und mich zur Seite geschoben hat?“

„Oh, da vorne muss ich ganz rasch hin, da fliegen kleine bunte Leuchtkugeln um die Blumen herum. Sie glitzern, und manche haben Flügel, vielleicht kann ich eins erhaschen, aber sie sind schneller als ich. Jedes Mal, wenn ich danebengreife, grinsen sie mich an und kichern. Ich glaube, auch ihnen gefällt unser Spiel. Was machen sie denn jetzt? Sie pusten bunte Farben in meine Richtung, das fühlt sich aber gut an, ganz warm und weich.“

„Was krabbelt denn da an meinen Beinen? Ein Käfer in Grünblau. Wow, ist der schön, der sieht ja aus wie unser Auto. Schade, dass er nicht auf meine Hand krabbeln will. Wieso bin ich ganz orange, mal sehen ob es mehr wird, wenn ich mich freue. Oh ja, wenn ich hochhüpfe wird es größer, das ist ein tolles Spiel.“

In einiger Entfernung gehen Leute vorbei, die das Kind in seiner Versunkenheit gar nicht wahrnimmt.

„Ups, da ist ja ein Fluss, fast wäre ich hineingerutscht. Ist das herrlich, schon wieder was Neues. Wasser ist toll, gleich mal eine Hand voller Steine hineinwerfen und ein Stöckchen hinterher. Wenn ich doch auf dem Stöckchen sitzen könnte, dann würde ich vielleicht bis zu dem großen Meer schwimmen."

Das Kind setzt sich an den Rand und schläft voller Vertrauen ein, es beginnt zu träumen.

„Puh, ist es aufregend auf dem Stöckchen. Es schaukelt, und hier sind so viele bunte Lichter und Farben, so viele geheimnisvolle Geräusche." „Hallo", rufe ich und freue mich, meinen lieben Opa wiederzusehen, der am Ufer steht. Ui, die schönen bunten Luftballons aus meinem Herzen fliegen bis zu meinem Opa. Er lacht vor Freude und winkt mir zu. Ich bin ganz neugierig und aufgeregt, was die Welt noch zu bieten hat. Es ist sehr schön, mit dem Wasser durch Wiesen und Wälder zu fließen, Vögel und Tiere zu sehen, Geräusche zu hören. Das Leben ist herrlich."

Als das Kind aufwacht, sieht es seine Eltern neben sich stehen. Es sieht seine Eltern ganz in Rosa, von einem Blau durchzogen, umhüllt. Diese Gefühle gelten ihrem Kind und seinem Schutzengel. Es sind die Farben der Liebe und des Vertrauens. Sie wissen um die Anwesenheit des Engels, der ihr Kind manchmal zur Seite schubst, wenn es in eine gefährliche Situation gerät. Das Kind springt, ganz erfüllt und vergnügt von den vielen Eindrücken, auf und läuft mit seinen Eltern nach Hause.

☆☆

Das gleiche Szenario möchte ich jetzt noch einmal mit den Gedanken eines Erwachsenen durchspielen.

Wieder scheint die Sonne warm vom Himmel, und der Erwachsene sieht die wunderschöne Blumenwiese.

„Ach, ist es hier herrlich, es ist so angenehm warm, und in der Sonne strahlt alles noch viel heller. Ob ich wohl in die Wiese gehen kann? Da sind bestimmt Zecken. Überall wird jetzt wieder von der Gefährlichkeit der Zeckeninfektion berichtet. Meine Freundin hat auch schon so lange mit ihrer Borreliose zu kämpfen. Egal, ich werde einfach aufpassen."

Auf der Wiese:

„Mann, sind hier viele Viecher, überall fliegt was umher. Achtung, da ist eine Hummel und einige Bienen. Da muss ich aber sehr aufpassen, denn ich habe doch eine Insektenstichallergie. Neuerdings soll die Sonne ja auch so gefährlich sein, sie kann Hautkrebs auslösen. Eigentlich schade, ich bin so gerne in der Sonne. Für den Urlaub werde ich mir Sonnencremes mit hohem Faktor zulegen."

„Mir hat mal jemand von Elfen und Feen in natürlichen

Wiesen erzählt, aber ich glaube nicht an so etwas. Wenn ich sie sehen könnte, o.k., aber so, außerdem finde ich es ganz schön kindisch. Oh Gott, da hinten kommen Leute vorbei. Das ist mir aber peinlich, wenn die mich so sehen. Hier mitten auf der Wiese einfach nur rumzustehen. Dann werde ich mal weitergehen und so tun, als würde ich hier etwas suchen. Gott sei Dank, sie haben mich nicht besonders beachtet.“

„Oh, da ist ja ein Fluss, wie schön. Ich fühle mich am Wasser immer so wohl. Aber, halt, stopp, am Ufer könnte ich ausrutschen und hineinfallen. Gestern hat es doch geregnet, es ist sicher alles noch feucht. Oh Gott, meine Socken sind schon nass, bestimmt erkälte ich mich und bekomme eine Blasenentzündung. Nein, ich glaube, ich gehe lieber wieder, ich habe sowieso noch so viel Arbeit zu Hause. Und meine E-Mails habe ich heute auch noch nicht durchgesehen.“

☆☆☆☆☆

Energiesystem (Erzengel Zadkiel)

In der Verbindung mit Erzengel Zadkiel legt sich eine tiefweinrote bis violettfarbene Energie um meinen Körper. Es ist eine wild tanzende, freundliche Flamme wahrnehmbar. Mein Körper fängt an zu schwingen und zu vibrieren, als wollte er Altes lockern und abschütteln. Es fließt, vom Scheitelchakra ausgehend, bis in die Erde hinunter, Schicht für Schicht, alles ab, was nicht zu mir gehört. Mein Körpersystem wird gereinigt, erhellt und fühlt sich danach rundherum erneuert und klar an.

Gedanken und Gefühle sind Energien, die ihr aussendet und empfangt. Sie sind machtvolle Instrumente und kennen keine Zeit und keinen Raum. Sendet ihr liebevolle Gedanken, werden liebevolle Gedanken zu euch zurückkommen. Sendet ihr negative, kehren auch diese zurück.

Stell dir vor, einer deiner Gedanken würde wie ein dunkler Schatten auf einen anderen Menschen treffen und sich in seinem Aurasystem ablegen. Stell dir vor, es wäre für dich und andere sichtbar. Nun stell dir vor, deine liebevollen Gedanken würden wie Lichtfunken in der Aura wirken und dem Energiekörper deines Gegenübers Kraft zuführen. Wofür würdest du dich entscheiden? Könntet ihr die Auswirkungen auf euch und andere sehen, wäret ihr achtsamer mit dem, was ihr rausschickt.

Stell dir nun vor, du hast Angst um dein Kind, wenn es

mit dem Fahrrad zur Schule fährt. Durch das ausgesendete Gefühl der Angst hat das Kind vielleicht dunkle Schatten in seiner Aura. Ist es dann nicht in größerer Gefahr, als wenn du im Vertrauen und in der Liebe bleibst? Für euch sind die Auswirkungen der Gedanken und Gefühle nicht sichtbar, aber sie sind dennoch da. Sie legen sich in dem Energiesystem des Menschen ab und wirken dort. Im großen göttlichen Gefüge ist alles eins, und dadurch ist es auch nicht verwunderlich, dass die kollektive Angst in jedem von euch wirkt. Alles, was ihr anderen zufügt, fügt ihr auch euch selbst zu. Macht euch diese Wahrheit einmal wirklich bewusst, denn sie ist sehr wichtig.

Das Thema der jetzigen Zeit lautet: Die Angst vor der Liebe auflösen. Ihr seid alle miteinander verbunden, darum ist es von Bedeutung, die Angst im Kollektiv aufzulösen. Ihr alle bildet das Kollektiv, deshalb kann jeder bei sich anfangen, indem er liebevolle Gedanken lebt und aussendet. Selbst wenn nur Einzelne von euch beginnen, die Angst in Liebe zu transformieren, vervielfältigt sie sich. Es wird eine Zeit kommen, in der alles, was nicht Liebe ist, keinen Bestand mehr auf diesen Planeten hat. Es ist eine wundervolle Zeit. Energien werden für alle spürbar und sichtbar sein. Strahlt ihr aus dem Inneren, ist es auch in der Aura sichtbar. Die Aura wird lichtvoller und heller. Werdet ihr kraftvoller, spürt ihr auch die Auswirkungen von Angst und negativen Gedanken deutlicher. Ihr seid sensibler und spürt Verunreinigungen im Energiesystem sofort. Ist das Bewusstsein von Licht und Liebe erfüllt, haben negative

Energien keine Möglichkeit, in euer Energiefeld zu gelangen. Das größte Geschenk, das ihr euch und Mutter Erde machen könnt, ist:

Tragt eure Liebe hinaus,
habt Vertrauen in die göttliche Führung,
seid Licht im Lichte Gottes.

☆☆☆☆☆

Schutz und Reinigung der Aura und der Chakren

Wir sind reine energetische Wesen, und die Gedanken bestimmen unsere Gefühle. Die Energiezentren des Körpers werden von Worten und Denkgewohnheiten beeinflusst. Ebenso wirken sich negative wie auch positive Energien anderer Menschen auf uns aus. Im Laufe eines Tages kann sich in dem feinstofflichen Kraftfeld, der Aura, so einiges an Ballast ansammeln. Die Kreativität und die Intuition können dann nicht mehr frei fließen. Einige dichte Energien aus den Medien und von negativ denkenden Menschen tummeln sich ebenfalls gerne bei uns. Man merkt es daran, dass man sich, eigentlich grundlos, ausgelaugt, müde und erschöpft fühlt. Das kann gelegentlich ganz plötzlich geschehen, zum Beispiel nach einem Supermarkt- oder Kaufhausbesuch, wo sich viele verschiedene Menschen aufhalten. Sensible Menschen spüren in der heutigen Zeit auch die häufig angstbesetzte Atmosphäre in Institutionen.

Es gibt in der Literatur unzählige Reinigungs- und Schutztechniken für die Aura und die Chakren. Beispielsweise hat Erzengel Michael eine wunderschöne Reinigung mit einem Staubsauger durchgegeben. Ich möchte hier aber nur die Techniken vorstellen, die ich für mich selbst angewandt habe und die sehr einfach sind.

Reinigung der Aura

Um die Aura zu reinigen, können wir uns mit Hilfe der Vorstellungskraft unter einen leuchtend blauen oder goldenen Wasserfall stellen. Wir atmen ganz tief aus und lassen mit dem Ausatmen alles Belastende, Dunkle, Schwere und alle Angstgedanken mit Hilfe des blauen Wassers abfließen. Alle Energien, die wir aufgenommen haben, die uns aber nicht guttun, fließen in die Erde und werden dort von der violetten Flamme transformiert. Das Energiefeld um unseren Körper wird durch die reinigende und heilsame Schwingung mit jedem Ausatmen heller und lichter. Wir können so lange weiter verfahren, bis wir das Gefühl haben, alles, was nicht zu uns gehört, losgeworden zu sein. Ganz praktisch ist diese Reinigung auch unter Dusche oder in der Badewanne durchzuführen. Dabei stellen wir uns vor, wie das Wasser unseren Körper von außen und von innen reinigt. Wie alle Zellen im Körper gewaschen und mit neuer Energie aufgeladen werden. Durch unsere Vorstellungskraft ist alles möglich!

☆☆☆

Reinigung der Chakren

Als Schnellreinigungsmethode hat Erzengel Zadkiel die Energetisierung der Chakren mit den Regenbogenfarben zur Verfügung gestellt. In den leuchtenden Farben des Regenbogens ist eine große Heilkraft enthalten. Jedem Chakra wird in der Literatur eine bestimmte Farbe zugeordnet. Allerdings ist es so, dass die Farben der Chakren wechseln können. Ist beispielsweise unser Herzchakra von Liebe erfüllt, schimmert es im zarten Rosa, während es sonst vielleicht grün ist. Oder es ist grün mit einer rosafarbenen Umrandung beziehungsweise mit rosafarbenen Fäden durchzogen. Durch die Höherschwingung der Erde können sich die Farben in Zukunft ebenfalls verändern, deswegen ist es ratsam, sich nicht auf bestimmte Farben festzulegen. Die Vielfalt der Regenbogenfarben fließt immer automatisch richtig in das entsprechende Chakra ein, um dort ausgleichend zu wirken.

Übung

Hierfür atmen wir wieder einige Male tief ein und aus. Mit Hilfe der Visualisierung lassen wir nun regenbogenfarbenes Licht in unser Scheitelchakra einströmen. Die Farben verteilen sich in den Chakren in der für uns richtigen Form. Zusätzlich können wir Erzengel Zadkiel als Unterstützung in diesem Prozess zu uns rufen. Als Bekräftigung können wir Folgendes sagen: „Ich öffne mich jetzt für die heilsamen Farben des Regenbogens und vertraue darauf, dass sich alle Auswirkungen von Angst und negativen Emotionen aus meinen Chakren lösen und abfließen. Meine Chakren werden gereinigt und in vollkommener Weise harmonisiert." Durch tiefes Ein- und Ausatmen unterstützen wir die Reinigungsarbeit so lange, bis wir das Gefühl des freien Fließens in uns haben.

☆☆☆

Schutz im Alltag

Menschen, die sich viel mit spirituellen Themen beschäftigen, haben mit der Zeit einen immer heller strahlenden Lichtkörper. Das bedeutet allerdings auch, dass wir die Aufnahme von Fremdenergien viel deutlicher wahrnehmen. Des Weiteren können Menschen mit niedrigerer Schwingung uns unbewusst Energie abziehen, wodurch wir uns dann kraftlos fühlen. Aus diesem Grund ist es hilfreich, sich täglich mit einem Schutz zu umgeben. Diesen kraftvollen Schutz kann man schon morgens gleich nach dem Aufstehen errichten, muss ihn allerdings gelegentlich, in besonders schwierigen Situationen, am Tag erneuern. Es reicht dann, die Lichtsäule kurz zu visualisieren und sich vorzustellen, darin vollkommen geschützt zu sein.

Übung

Atme tief ein und aus und lass eine Säule aus weißem Licht um dich herum entstehen. Sie darf so breit sein wie deine nach vorne und seitlich ausgestreckten Arme. In der Lichtsäule werden die Chakren aktiviert und können sich mit positiver Kraft aufladen. Das Chakrensystem reicht bis weit in den Himmel hinauf und bis tief in die Erde. Sieh dich als göttliche Verbindung zwischen Himmel und Erde, wie ein glitzerndes helles Lichtwesen. Stell dir vor, wie die breite Lichtsäule von außen geschlossen, aber zur Mutter Erde und nach oben zum Göttlichen hin offen ist. Sage dir: „Es kann nur das zu mir gelangen, was aus der reinen Liebe kommt, alles, was mir schadet, bleibt draußen." Die Lichtsäule wirkt nun wie ein durchlässiger Filter. Ist dir das Bild einer Lichtsäule zu fremd, dann erschaffe dir ein Bild, das für dich stimmig ist. Vielleicht ein Lichthaus, ein Lichtschloss oder eine Pyramide. Die Visualisierung von Bildern braucht manchmal etwas Übung, mit der Zeit werden die inneren Bilder jedoch immer realer. Am Anfang reicht es auch, sich die Worte innerlich zu sagen.

☆☆☆☆☆

Die Kraft der Weiblichkeit (Erzengel Gabriel)

Jahrtausendelang wurde das weibliche, warme, mitfühlende göttliche Prinzip in euch Frauen unterdrückt, und in vielen Regionen der Erde ist es bis heute noch so. Es ist von großer Wichtigkeit, die weiblichen und männlichen Energien auf der Erde in ein neues Gleichgewicht zu bringen und dabei insbesondere den weiblichen Qualitäten mehr Gewicht zu geben. Jetzt ist die Zeit da, dass es in eurem Inneren wieder auferstehen und belebt werden kann. Nur so kann in den Herzen der Menschen mehr Mitgefühl und Liebe entstehen.

Ihr über alles geliebten Frauen, erhebt euch, ermächtigt euch, wieder all die wundervollen Qualitäten zu leben, die in euch verborgen sind. Lebt eure Schönheit, eure Weisheit, eure Sanftheit, eure Sinnlichkeit und auch eure Stärke. Lebt die Königin, die Weise, die Göttin und die stolze Frau. Diese weiblichen Qualitäten sind in euch Frauen sehr klein gehalten – belebt sie, entfesselt sie und lasst sie wieder zu. Lebt sie mit Stolz und Würde. Stolz ist in diesem Fall nichts Negatives. Stolz beinhaltet, sich innerlich und äußerlich aufzurichten und alle weiblichen Eigenschaften, die in euch vorhanden sind, zu würdigen und anzuerkennen. Erlaubt euch, die weibliche Kraft und die Göttin in euch wieder ganz zu sehen. So könnt ihr zu eurer eigenen Ganzheit zurückfinden.

Darum meine Bitte an euch: Helft und stärkt auch andere Frauen, damit sie in ihre ureigene Kraft kommen.

Lasst nicht mehr zu, dass die Weiblichkeit in euren kleinen Mädchen unterdrückt wird.

Um Licht ins Dunkel der Erde zu bringen, braucht es eure weibliche Stärke und Strahlkraft. Stellt euch nicht mehr in den Schatten der Männer, lasst die zu neuem Leben erwachte Göttin euer „Frausein“ erfüllen. Je mehr ihr dieses zulasst, umso mehr wird sie in euch aktiviert. Vertraut darauf und gebt der kosmischen Mutter und Erzengel Gabriel die Erlaubnis, euch immer unterstützend zur Seite zu stehen. Außerdem sind auch viele weibliche Aufgestiegene Meister im Universum, die ihr um Hilfe anrufen könnt.

Erklärung zu den kosmischen Eltern:

Unsere kosmischen Eltern sind lichtvolle Wesenheiten, die uns sehr gut kennen und uns liebevoll durch die Inkarnationen begleiten. Sie helfen uns auf kosmischer Basis so, wie uns irdische Eltern hier unterstützen, und wir tragen ebenso Anteile und Eigenschaften von ihnen in uns wie von unseren irdischen Eltern. Sie lieben uns bedingungslos, und wir können uns von ihnen zu jeder Zeit Zuwendung, Hilfe und Unterstützung für unser irdisches Dasein holen.

☆☆☆☆☆

Reise zur kosmischen Mutter und Stärkung der Weiblichkeit

Sorge dafür, dass du in der nächsten Stunde nicht gestört wirst. Wenn du möchtest, lege dir eine schöne Musik auf und schaffe dir eine gemütliche Atmosphäre, in der du dich wohlfühlst. Diese Meditation kann sehr viel in dir bewegen und hochkommen lassen. Fühle in dich hinein, ob es dir sinnvoll erscheint, eine Person deines Vertrauens, an die du dich vielleicht ankuscheln und bei der du dich fallenlassen kannst, zu bitten, diese Meditation mit dir durchzuführen.

Atme einige Male tief durch und entspanne dich. Nun fülle den Raum, in dem du dich befindest, ganz mit weißem Licht auf. Stell dir vor, wie du in diesem Raum beschützt bist. Es kann nur das zu dir kommen, was aus der höchsten göttlichen Quelle ist. Solltest du dich nicht in einem Zimmer befinden, stell dir eine weiße Lichtsäule vor, die dich als Schutz umgibt. Rufe nun deinen Schutzengel und bitte ihn, dich zu begleiten.

Verbinde dich zuerst tief mit dem Herzen der Erde und gehe dann mit deiner Vorstellungskraft und deinen liebevollen Begleitern die Chakren, die bis in den Himmel reichen, spiralförmig nach oben entlang. Du bist immer mit deinen Chakren in der Erde verbunden, auch wenn du noch so weit nach oben gehst. Dein Schutzengel trägt dich mit seinen sanften Flügeln nun weit hinauf ins Universum. Sieh dir alles genau an. Fühle und sieh die unendliche Weite, die Leichtigkeit und die Freiheit. Ist es nicht wunderschön, den blauen Planeten aus der Ferne zu betrachten?

Nun kommt ein helles Licht auf dich zu, und du weißt, dass sich dort deine kosmische Mutter befindet. Lass dich so weit tragen, bis du bei ihr ankommst. Was siehst du? Wie sieht sie in deiner Vorstellung aus? Ist sie alt oder jung? Was für ein Gefühl von ihr kommt zu dir? Ist es dir möglich, dann stell sie dir ganz menschlich vor, oder so, wie es deinem innerem Bild entspricht. Sieh, wie sie in einem goldenen Sessel sitzt und dich mit solch einer strahlenden, kraftvollen Liebe ansieht, dass du für einen Moment regelrecht geblendet bist. Sie ist deine kosmische Mutter, und sie ist mit ihrer bedingungslosen Liebe jetzt für dich da. Sie ist diejenige, an die du dich immer anschmiegen darfst. Die dich immer versteht und dich mit allem, was du bist, liebt. Sie gibt dir zu jeder Zeit die Geborgenheit und Wärme, an der es dir in deinem menschlichen Dasein so oft mangelt.

Stell dir dich jetzt als kleines Kind vor, das die Liebe und die Nähe der Mutter braucht. Lass das kleine Kind in dir erzählen, was es erlebt hat. Es darf jetzt traurig sein, weinen, schluchzen, oder was es sonst in diesem Moment fühlt. Vielleicht ist das Kind in dir zornig und wütend. Lass deinen Gefühlen freien Lauf. Erzähle ihr alles, was dich bedrückt, dir wehgetan und dich belastet hat. Alle deine Gefühle sind richtig. Deine wundervolle Mutter hört dir so lange zu, wie du es brauchst, und versteht dich mit allem, was du sagst. Schenke dir dafür ganz viel Zeit und lass auch die Frau, die du jetzt bist, zu Wort kommen. Spüre in dich hinein und fühle, wie es dir als Frau geht. Schmiege dich noch tiefer in ihre Arme, fühle ihre Wärme, Sanftheit und Liebe. Fühle, wie gut es dir tut, hier bist du zu Hause. Hier darfst du sein, mit allem, was du bist.

Die kosmische Mutter kennt deinen Seelenplan und weiß, warum du durch welche Situationen durchgehen musst, um zu wachsen. Sie weiß, welche Vereinbarungen du vor deinem Erdenleben getroffen hast. Sie kennt alle deine Sorgen und Verletzungen und legt nun ihre Hand auf dein Herzchakra, damit einiges in dir heilen kann. Du spürst die unendliche kraftvolle Liebe, die von ihr zu dir fließt. Atme sie tief ein, atme die Liebe in jede Zelle deines Körpers. Lass das göttliche Licht dich ganz durchstrahlen und fühle, all dieses bist auch du. Die Energie der Göttin ist genauso in dir, wie du in ihr bist. Lass dich so lange von ihrer Kraft, Wärme und Liebe durchdringen und erfüllen, wie du es benötigst.

Wenn du innerlich ein wenig zur Ruhe gekommen bist, legt deine kosmische Mutter erneut ihre Hand auf dein Herzzentrum, um die Göttin, die schon immer in dir war, zu erwecken. Sie sendet die rosa Flamme ihrer Liebe in dich hinein und verankert sie dauerhaft in deinem Herzen. Lass dich von ihrer Liebe ganz durchdringen und spüre, wie du in deiner wahren Größe erwachst. Wie sich all die weiblichen Qualitäten in dir aufzurichten beginnen und in einem hellen Licht anfangen zu strahlen. Fühle die neu erwachte weibliche Kraft in dir und wisse, sie ist von nun an immer aktiv. Lass dir ganz viel Zeit dafür.

Auch wenn du dich nun langsam von diesem wunderschönen Ort verabschieden musst, weißt du, dass du zu jeder Zeit mit all deinen Sorgen wieder hierher zurückkehren kannst. Bedanke dich bei ihr und nimm noch einmal ihren liebevollen Blick in dich auf, um dann mit deinem Schutzengel wieder zur Erde hinabzuschweben. Er bringt dich sicher an den Ort, von dem du gekommen bist. Bedanke dich nun auch bei deinem Schutzengel und komme wieder ganz im Hier und Jetzt an. Recke und strecke dich und atme tief durch. Wie fühlst du dich jetzt? Fühlst du dich gelöster und weicher, aber auch gleichzeitig kraftvoller und weiblicher in dir?

Meine leibliche Mutter starb, als ich drei Jahre alt war. Es ist mir aber erst im Erwachsenenalter klar geworden, wie sehr mir die Fürsorglichkeit, Zuwendung und auch die Weiblichkeit gefehlt hat. Erzengel Gabriel gab mir diese Meditation, indem sie mich auf die Reise zu meiner kosmischen Mutter mitnahm. Es war für mich ein sehr tiefgreifendes und heilendes Erlebnis. Ich konnte mir sehr viel liebevolle Zuwendung von ihr holen, und auch mein allein gelassenes Inneres Kind fühlte sich bei ihr zutiefst geborgen. Nach der Reise war die kosmische Mutter in mir präsent, und ich kann mit Hilfe meiner Vorstellungskraft jederzeit zu ihr gehen.

Fühlt sich mein Inneres Kind abends manchmal einsam, bitte ich die kosmische Mutter und die lichtvollen Engel, mir doch etwas Geborgenheit zu schicken. Kurze Zeit später fühlt es sich an, als wenn sich ein warme Decke um mich legt. Selbst wenn ich mein Anliegen manchmal vergesse, beispielsweise, weil ich mit meinen Gedanken schon wieder woanders bin, schwebt plötzlich die Geborgenheitsdecke auf mich hinab.

Ich kann jeden nur ermutigen, sich solche wunderschönen Bilder zu erschaffen, wir können uns viel aus der Geistigen Welt holen, und es kann einiges in uns heilen. Unserem Gehirn ist es egal, ob es in der äußeren oder in der inneren Wirklichkeit passiert ist, es zählt nur die Intensität des Gefühls. Die inneren Bilder nehmen mit der Zeit immer deutlichere und realere Formen an. Irgendwann hören wir inniglich eine Musik, schließen die Augen und sitzen mitten im Konzertsaal. Wir sehen die Streicher, wir sehen, wie jemand die Trompete erhebt und darauf zu spielen beginnt, und nehmen einen großen Chor mit Frauen und Männer wahr. Spüren wir dabei das erhebende Gefühl der Musik, werden unsere Zellen ebenso mit positiver Energie aufgeladen wie in einem richtigen Konzert. Es spielt keine Rolle, welches Bild dazu in uns entsteht, wichtig ist einzig und allein die Energie. Rufen wir zum Beispiel Erzengel Gabriel und verbinden uns mit ihrer Schwingung, kann jeder von uns verschiedene Wahrnehmungen haben. Manche spüren Wärme, empfinden Klarheit, bekommen Farben oder fühlen ein Kribbeln auf der Haut. Die eigene Wahrnehmung ist immer die für uns richtige! Tritt man häufig in den Kontakt zu Engeln, wird das Gefühl zu ihnen inniger, und es ist mit der Zeit auch einfacher, ihre Präsenz zu spüren.

Wichtig ist nur, wirklich zu vertrauen, dass die Erzengel auch kommen, sobald man sie ruft. Wir können es daran erkennen, dass wir uns in eine höhere Schwingung versetzt fühlen und ein Glücksgefühl in uns entsteht. Ich spüre meistens zuerst ein Wärmegefühl auf der Haut, atme tief aus und lasse alle Anspannung im Körper los. Anfangs war ich häufig im Zweifel. Mit der Zeit merkte ich, dass jeder Erzengel eine andere Energie hat, andere Bilder in mir hervorrief und sich auch unterschiedliche Themen zeigten. Deshalb gibt es auch die Möglichkeit, sich mit einem bestimmten Thema an den entsprechenden Erzengel zu wenden. Beispielsweise hat Erzengel Chamuel das Thema des Inneren Kindes, der kindlichen Liebe und Leichtigkeit. Bei Erzengel Gabriel trat sehr klar die Stärkung der Weiblichkeit, das Denken und die Kinder der Neuen Zeit hervor. Wie die meisten wissen, hat Raphael überwiegend Themen der Heilung, aber auch die Selbstermächtigung war bei Raphael deutlich zu spüren. So, wie Jophiel uns Einsichten zu den Themen Erwachen und Erleuchtung schenkt.

Für die Erzengel ist es einfacher, mit uns in Kontakt zu treten, wenn unsere Schwingung angehoben ist und das Energiesystem frei von Ballast. Darum ist es ratsam, vor dem Kontakt die Reinigung und Schutztechnik (siehe weiter oben) durchzuführen. Dann können sich auch nicht Wesenheiten bei uns einklinken, die uns falsche Botschaften geben. Die Botschaften von Schattenwesen hören sich oft sehr weise und positiv an, dienen aber dem Ego. Sie wollen uns von unserem lichtvollen Weg abbringen. Sie können uns genau da erreichen, wo wir unsere Schwachstellen haben. Bei mir war es immer der Zweifel. In der Energie der Erzengel war ich sicher und geführt, aber im Alltag schlichen sich immer wieder Zweifel ein. Es hat eine Zeit gedauert, bis ich dieses Spiel durchschaute. Nicht im Verdrängen, sondern im Erkennen ließen die Zweifel mehr und mehr nach. Sind wir im inneren Frieden mit uns, hat das Ego keine Macht mehr. Ist die Stimme des Egos noch deutlicher zu hören als die Stimme des allumfassenden göttlichen Seins, verkehrt es sich im inneren Frieden ins Gegenteil. Die Stimme des Großen Ganzen wird klarer und gewinnt an Kraft, während die Stimme des Egos leiser wird.

☆☆☆☆☆

Die ureigene Wahrheit (Erzengel Jophiel)

In der energetischen Verbindung mit Erzengel Jophiel fühlt es sich an, als befände sich umgehend ein warmer, goldener Samtmantel auf der Haut. Feiner Goldregen rieselt herab. Es zeigt sich ein goldschimmerndes Lichtwesen, das einerseits weich wirkt, andererseits sehr klar und kraftvoll erscheint. Die Energie von Jophiel ist wie eine sanfte Feder, die unsere Seele streichelt und uns tief im Inneren ankommen lässt. Frieden und Stille geschehen! Bitten wir Erzengel Jophiel, zu uns zu kommen, ist es bei ihm besonders leicht vorstellbar, sich in seine goldenen Engelsflügel eingehüllt zu sehen. Eine wunderschöne Visualisation am Abend zum sanften Einschlafen.

Ihr geliebten Menschenkinder bekommt schon sehr früh viele Regeln gelehrt, und es finden immer mehr Bewertungen eures Tuns und eurer Person statt. Wie ihr schon wisst, gibt es in unseren Dimensionen keine Bewertung, es gibt nur bedingungslose Liebe. In dieser Liebe müsst ihr nichts beweisen oder darstellen, es darf alles sein. In der reinen Liebe löst sich jedes Werten auf.

Der Leistungsdruck in eurer Gesellschaft ist sehr angestiegen und wird noch weiter zunehmen. Ihr werdet schon bald am Höhepunkt der Leistungsfähigkeit angekommen sein. Manchmal ist es gut, so weit zu gehen, um zu erkennen, wo euer Pendel aus dem Lot geraten ist und ihr aus der inneren Mitte gefallen seid. Ihr werdet merken, dass ihr euch immer mehr von euch entfernt, immer weniger die Freude und den inneren Frieden leben könnt. Viele von euch werden sich innerlich leer fühlen. An diesem Punkt möchte ich euch in aller Liebe sagen: „Spürt in euch hinein, was ihr in diesem Leben wirklich braucht.“

Lasst einmal alles um euch herum los und kommt ganz tief in eurem Herzen an. Euer Herz weiß immer, was für euch gut ist, und es wird euch stets den Weg der Glückseligkeit zeigen. Das tiefe Loslassen von allem Äußeren, die Hingabe und das Vertrauen führen euch nach Hause. An diesem wundervollen Ort werdet ihr Wissen erhalten, um glücklich und zufrieden auf der Erde leben zu können. Hier können wir euch am besten erreichen und dienen. Unsere Hilfe besteht darin, euch zu unterstützen und zu stärken. Wir können euch keine Entscheidungen abnehmen, aber liebevoll begleiten und euch dadurch behilflich sein. Vertraut auf die Weisheit eures Herzens und auf die innere Führung.

Ihr sucht häufig die Antworten auf Fragen im Außen und bekommt viele verschiedene Anregungen. Manche sind wertvoll, manche sorgen für noch mehr Verwirrung. Dabei sind alle Antworten, die für euch wichtig sind, bereits in euch vorhanden. Ihr seid multidimensionale Wesen, mit einem ureigenen Wissen ausgestattet. Dieses Wissen habt ihr bereits mitgebracht, deswegen kann es keine allgemein gültigen Antworten geben. Lernt wieder, auf die innere Wahrheit zu hören. Fühlt in euren Körper! Der Körper ist ein wertvolles Instrument, das euch sagen kann, was für diesen Moment richtig ist. Was fließt frei durch euch hindurch? Was fühlt sich leicht und angenehm an? Was aufbauend und stärkend? Was eher eng und schwer? Achtet auf den Solarplexus, hier spürt ihr Energien am deutlichsten. Wie ist euer Atem? Tief und gleichmäßig, oder oberflächlich und flach? Spürt ihr nicht oft die Atmosphäre, wenn ihr einen Raum betretet? Wie fühlt es sich an, wenn ihr in einem Kaufhaus oder Krankenhaus seid? Was spürt ihr in der Natur? Das sind alles Situationen, die euch wunderbar helfen, der inneren Wahrheit zu begegnen und den Körper als Befindungsinstrument zu nutzen.

Es geht um die Achtsamkeit im Alltag und um das „In-sich-hinein-Lauschen". Es geht in diesem Augenblick um Klarheit und Präsenz. Ihr spürt in jedem Moment, was sich stimmig oder unstimmig anfühlt, nur traut ihr euch oft nicht, danach zu handeln. Ihr habt so viele Anweisungen bekommen, was angeblich richtig oder falsch ist, dass die innere Stimme des Wissens sehr leise geworden ist. Aber sie ist da, vertraut darauf.

Es geht um das „Wirklich-wieder-auf-sich-selbst-Hören". Es ist so wundervoll, wie viel Wissen existiert, aber es lenkt euch sehr von dem inneren Gewahrsein ab und hält euch sehr beschäftigt. Schafft euch Zeiten des Nichtstuns, Raum für das einfache Dasein und der Stille. Solche

Zeiten sind sehr wertvoll und heilsam. Die wichtigsten Impulse für euer Leben kommen aus der Stille. Braucht ihr Antworten auf Fragen, geht an den Ort des Friedens in eurem Herzen. Entspannt euch, atmet tief, stellt eure Frage und lasst geschehen. Vielleicht kommen viele verschiedene Antworten, dann lasst weiter los und schickt eure Aufmerksamkeit erneut ins Herz. Achtet auf Wahrnehmungen wie beispielsweise Bilder, Farben oder Symbole. Ihr werdet wissen, wann ihr die für euch gültige Antwort erhalten habt. Ihr wisst einfach! Wenn ihr euch klar und kraftvoll fühlt, der Schleier weg ist, dann gibt es keinen Zweifel an der Richtigkeit mehr. Erhaltet ihr Botschaften, überprüft deren Inhalt, indem ihr euch fragt: „Dient die Antwort dem Großen Ganzen oder meinen Ego?“ Seid gewiss, dass sich mit der Zeit die Antworten in eurem Inneren schneller und deutlicher zeigen werden. Es ist nur eine Frage der Ausdauer und der Übung.

Viele von euch glauben, dass immer die erste Antwort die richtige ist. Dem ist nicht so. Jeder ist verschieden und empfängt Botschaften unterschiedlich. Häufig ist es die ganz leise Stimme, die Stimme, die sich nicht aufdrängt. Die Stimme, die ihr erst hört, wenn ihr ganz zur Ruhe kommt. Das Loslassen, die Stille und das Vertrauen sind die drei goldenen Schlüssel, die das Schloss zu den Antworten eures Herzens öffnen.

Vergebt den Menschen (Erzengel Uriel)

Wir möchten euch bewusst machen, dass es Schuld in eurem Sinne nicht gibt. Denn alle Situationen in eurem Leben dienen der Heilung und dem Erkennen der wahren Essenz. Jede Seele, die sich auf der Erde in einen Körper inkarniert, kommt hierher, um bestimmte Erfahrungen zu machen. Ihr bildet vor eurer Inkarnation einen himmlischen Rat und verabredet euch mit denen, die euch am besten dabei helfen können. Häufig sind es später die engsten Verwandten, die diese Aufgabe übernehmen, um euer Weiterkommen zu ermöglichen. Ebenso stellt ihr euch für andere Seelen zur Verfügung, damit sie ihre Lernaufgaben erfüllen können. Es ist ein Geben und ein Nehmen, und niemand muss sich für irgendetwas schuldig fühlen. Jeder kommt aus dem Licht und wird ins Licht zurückkehren.

In der Dualität des Erdendaseins lernt es sich am schnellsten, und es ist für jede Seele ein großes Geschenk, auf der Erde zu sein. Es gibt viele Seelen, die gerne auf die Erde wollen. Gerade die Menschen, die euch am meisten Probleme machen, halten für euch die größten Schätze bereit. Sie sind es, die aus Liebe ihr Licht verdunkeln, damit ihr Dinge in euch erlösen könnt. Häufig kennt ihr euch schon aus anderen Inkarnationen. Ist es zum Beispiel die Lernaufgabe, eure eigene Energie der Aggressivität anzunehmen und in Liebe zu verwandeln, habt ihr vielleicht einenVater, der zur Gewalt neigt. Ist es wichtig, das eigene Suchtpotenzial zu integrieren, hattet ihr vielleicht eine Mutter mit Suchtproblemen. Fehlte euch als Kind die Geborgenheit und Liebe der Eltern, habt ihr im Leben die Möglichkeit, diese Qualitäten in euch selbst zu finden. Somit werdet ihr frei und unabhängig von anderen. Betrachtet ihr die Dinge aus dieser Sicht, könnt ihr die schmerzvollen Situationen umwandeln und wirklich von Herzen vergeben. Damit erlöst ihr die Menschen um euch herum aus ihrer Schuld.

Viele Kinder stellen sich für ihre Eltern zur Verfügung, um an deren Aufstieg in die nächste Dimension mitzuwirken. Sie helfen den Eltern, in die eigene Essenz der Liebe zu gelangen. Das kann in ganz unterschiedlicher Form geschehen. Von behinderten Kindern lernt ihr beispielsweise die bedingungslose Annahme und Fürsorge. Von unruhigen, zappeligen Kindern lernt ihr Geduld und Akzeptanz. Von kranken Kindern lernt ihr Mitgefühl und Hingabe.

Die größte Heilung liegt im Erkennen,
im Friedenschließen und
in Liebe zu transformieren.

☆☆☆☆☆

Vergebungsreise zu den kosmischen Eltern

Vor der Vergebungsreise sollten wir uns folgende Fragen stellen. Wer hat in meinem Leben sein Licht am stärksten verdunkelt? Wer hat sich am meisten zur Verfügung gestellt? Was war es, was der Mensch mir angetan hat? Inwiefern hat es einen Bezug zu meinem jetzigen Handeln? Was zieht sich wie ein roter Faden durch mein Leben? Welche Situationen erlebe ich immer wieder? Was wollte er oder sie mich in Wahrheit lehren? Fragen wir uns auch ehrlich: Für wen habe ich mich zur Verfügung gestellt, indem ich mein eigenes Licht verdunkelt habe? Wem wollte ich dienen?

Sorge nun dafür, dass du in der nächsten Stunde nicht gestört wirst. Wenn du möchtest, lege dir eine schöne Musik auf und schaffe dir eine gemütliche Atmosphäre, in der du dich wohl fühlst. Du kannst dir den Text vorher aufs Band sprechen oder bittest eine Person deines Vertrauens, ihn dir langsam vorzulesen.

Atme einige Male tief durch und entspanne dich. Nun fülle den Raum, in dem du dich befindest, ganz mit weißem Licht auf. Stell dir vor, wie du in diesem Raum beschützt bist und nur das zu dir kommen kann, was aus der höchsten göttlichen Quelle ist. Solltest du dich nicht in einem geschlossenen Raum befinden, stell dir eine weiße Lichtsäule vor, die dich als Schutz umgibt. Rufe deinen Schutzengel und bitte ihn, dich zu begleiten.

Verbinde dich zuerst tief mit dem Herzen der Erde. Gehe danach mit deiner Vorstellungskraft und deinem liebevollen Schutzengel die Chakren, die bis in den Himmel reichen, spiralförmig nach oben entlang. Du bist immer mit deinen Chakren in der Erde verbunden, auch wenn du noch so weit hinaufgehst. Dein Schutzengel trägt dich nun weit nach oben ins Universum. Sieh dir alles genau an. Fühle und sieh die unendliche Weite, die Leichtigkeit und die Freiheit. Ist es nicht wunderschön, den blauen Planeten aus der Ferne zu betrachten? Nimm wahr, wie viele lichtvolle himmlische Wesen um dich herum sind und dich begleiten. Du wirst getragen vom Großen Ganzen, und vielleicht kannst du wahrnehmen, dass du auch Teil der göttlichen Einheit bist.

Nun sieh ein strahlend helles Licht auf dich zukommen. Du weißt sofort, dass du gleich deinen kosmischen Eltern gegenüberstehstk, und kannst fühlen, wie sie dich sehnlichst erwarten. Ist es dir möglich, so stell dir deine kosmischen Eltern menschlich vor, oder lass eigene Bilder in deinem Inneren entstehen. Nimm dir hierfür ausreichend Zeit. Das ist Schöpferkraft!

Nun bist du bei ihnen angekommen. Nimm wahr, mit welch unermesslicher Liebe sie dich ansehen. Ein rosafarbener Strahl der Liebe kommt aus ihrem Herzen und berührt dein Herz. Hier bist du so in Ordnung, wie du bist, und mit allem, was du bist. Sie lieben dich ganz und gar. Du darfst dich in ihre Arme kuscheln wie ein kleines Kind, das beschützt werden möchte. Hier darfst du dich fallen lassen, und sei dir gewiss, sie werden dich nicht nur auffangen – sie werden dich tragen.

Nun lass den Menschen vor deinen inneren Augen erscheinen, der dir im Leben am meisten wehgetan hat. Frage ihn, was vor eurer Inkarnation vereinbart war. Warum hat er sein Licht verdunkelt, um dir zu dienen? Was solltest du aus der Situation lernen? Wenn du magst, spüre noch einmal deinen Schmerz. Dann lass deine Frage los und gehe mit deiner Aufmerksamkeit in dein Herz. Werde ganz still in dir und empfange. Manchmal braucht es etwas Zeit, bis die Antwort durchkommen kann. Hast du die richtige Antwort erhalten, ist es so, als wenn in dir ein Licht aufgeht. Du weißt in dem Moment – das ist die Wahrheit. Es wird etwas still und klar in dir. Vertraue darauf.

Spüre, was in dir vorgeht, wenn du die Antwort bekommen hast. Was empfindest du jetzt für den Menschen, der dir so viel Leid zugefügt hat? Kannst du erkennen, was er dich lehren wollte? Kannst du deine Lernaufgabe sehen? Ist es dir möglich, ihr oder ihm zu vergeben und Frieden zu schließen? Oder brauchst du noch etwas Zeit?

Deine kosmischen Eltern unterstützen dich in diesem Prozess. Lass einfach los. Lass geschehen, was jetzt geschehen will. Es ist alles vollkommen, so, wie es jetzt gerade ist. Dein kosmischer Vater tritt nun hinter dich und legt fürsorglich seine Hände auf deine Schultern. Er lässt Kraft und Vertrauen in dich einfließen. Deine kosmische Mutter stellt sich vor dich und legt ihre Hand auf dein Herzchakra. Spüre, wie ihre unendliche Liebe in dich hineinströmt und dich nährt. Fühle diese weiblich annehmende Kraft, die dich mit deinem ganzen Sein trägt. Genieße die heilsame Situation ausgiebig und gib dir so viel Zeit dafür, wie du benötigst. Erlaube, dass Heilung geschieht. Viele Engel sind um dich herum und singen leise, schöne Melodien. In dieser heiligen Atmosphäre fühlst du dich von allen Seiten liebevoll umfangen und beschützt.

Wenn du so weit bist, kehre langsam wieder zurück. Alle bedanken sich für deine Bereitschaft, den schmerzvollen Situationen noch einmal zu begegnen. Bedanke dich auch bei ihnen und nimm noch einmal ihren liebevollen Blick ganz in dein Herz, um dann mit deinem Schutzengel wieder zur Erde hinabzuschweben. Er bringt dich zurück an den Ort, von dem du gekommen bist. Bedanke dich auch bei ihm für sein Geleit. Nun komme wieder ganz im Hier und Jetzt an. Recke und strecke dich und atme tief durch.

Für mich war diese Vergebungsreise, die ich durch Uriel empfangen durfte, sehr heilsam. In mir ist tatsächlich etwas erhellt worden, und ich konnte einem Menschen in meinem Leben von Herzen verzeihen. Die Heilung bestand einfach nur in der Umwandlung der Sichtweise. In dem Erkennen, was das alles mit mir zu tun hat und worin meine Lernaufgabe bestand. Augenblicklich waren kein Vorwurf und kein Groll mehr da, sondern Dankbarkeit und

Verstehen. Zu diesem Thema möchte ich eine Geschichte erzählen, die ich vor vielen Jahren gehört habe und die mir bis heute im Gedächtnis geblieben ist.

Ein Schriftsteller saß in einem Zugabteil, um nach Hause zu fahren. Ihm gegenüber saßen ein Mann und zwei jüngere Kinder. Der Mann war sehr tief in sich versunken und wirkte sehr abwesend. Die Kinder erschienen sehr unruhig. Zunächst störte es den Schriftsteller nicht, jedoch mit der Zeit wurden die Kinder immer lauter. Ihr Vater schien es gar nicht zu bemerken. Der Schriftsteller dachte bei sich: Der Vater hat doch Verantwortung für seine Kinder und müsste doch endlich mal eingreifen. Merkt er denn nicht, wie sehr sie andere Fahrgäste stören? In ihm wuchs der Ärger immer mehr an. Auch ein strafender Blick auf die Kinder vermochte es nicht, sie zur Ruhe zu bringen. Irgendwann platzte ihm endgültig der Kragen, und er sprach den Mann wütend an, ob er nicht dafür sorgen könne, dass seine Kinder sich ruhiger verhielten. Der Vater schreckte aus einer tiefen Versunkenheit hoch und sagte: „Entschuldigung, da haben Sie wohl recht. Aber wahrscheinlich wissen die beiden auch nicht, wohin mit sich, denn ihre Mutter ist vor einer Stunde in einem Krankenhaus gestorben."

In dem Moment, in dem der Schriftsteller das hörte, empfand er tiefes Mitgefühl, und es entstand eine andere Sicht der Situation, Umwandlung und Transformation seiner Gefühle in ihm. Er hatte nun viel Verständnis für die Kinder, und sie störten ihn in keinster Weise mehr.

Die weiße Leinwand (Erzengel Raphael)

Was siehst du, wenn du mit deiner Aufmerksamkeit ganz in dein Herz gehst? Schließe einmal kurz deine Augen und spüre hinein. Was findest du hinter all den Gefühlen, Gedanken und Vorstellungen? Hinter all den Unzulänglichkeiten des Lebens? Hinter all den äußeren Problemen?

Vielleicht entdeckst du in deinem Herzen einen Ort, an dem ein helles Licht leuchtet. Ein Licht, das niemals erlischt und niemals zerstört werden kann. In diesem Licht bist du unverletzbar und unsterblich. Dieses Licht leuchtet auch weiter, wenn du eines Tages den Körper verlässt. Denn es ist Teil des Großen Ganzen, der allumfassenden Liebe, an die du immer angeschlossen sein wirst.

Stell dir eine weiße Leinwand vor, auf die eine helle Lampe gerichtet ist. Nun stell dir vor, wie dein eigener Lebensfilm auf die Oberfläche der Leinwand projiziert wird. Hierauf siehst du deinen Film mit all seiner Schönheit und Freude, aber auch Tragik und Schmerz. Hier siehst du die Menschen, die in deinem Dasein eine wichtige Rolle spielen. Hier kannst du zusehen, ohne in irgendeine Szene eingreifen zu müssen, ohne dass eine Identifikation in irgendeiner Form stattfindet. Lehne dich zurück und schau den Film aus einem inneren Abstand heraus an. Sieh dir die wundervollen Begebenheiten aus deinem Leben an, aber übersieh auch nicht die Schattenseiten, in denen du aus Unwissenheit, nicht aus Liebe, gehandelt hast. Bewerte sie nicht, lass sie los! Sie sind vergangen! Du siehst den Film „Jetzt“! Und im Jetzt gibt es keine Vergangenheit, du kannst heute deinen Film neu schreiben. Du kannst dich heute dafür entscheiden, den göttlichen Weg der Liebe zu gehen.

Im Jetzt existiert kein Karma,
im Jetzt ist alles vollkommen,
im Jetzt ist Liebe.

Du hast die Möglichkeit, zum Regisseur deines neuen Films zu werden, der vielleicht in einer traumhaften Kulisse spielt, wo alles im Einklang ist. Der von Liebe, Mitgefühl und Achtung für dich und andere geprägt ist. Lass deiner Fantasie freien Lauf. Um Dinge im Leben zu heilen, braucht es keine komplizierten Übungen. Mach einfach die Augen zu und lass heilsame Bilder im Inneren entstehen. Sei dir ganz sicher, dass du tief in deinem Inneren nur das strahlende Licht auf der weißen Leinwand bist.

Das Ziel des Menschseins in der heutigen Zeit ist, aus der Abhängigkeit und der eigenen Bedürftigkeit auszusteigen. Werdet euch eurer wahrhaftigen Größe bewusst. Ermächtigt euch selbst und gebt es nicht an spirituelle Lehrer oder Lichtwesen ab. Sie können euch dienen, indem sie Wissen vermitteln. Aber die wirkliche ureigene Wahrheit findet ihr nur in eurem Inneren. Sucht sie dort, und ihr werdet frei!

Vertraut euren Fähigkeiten und erschafft euch das, was ihr euch wünscht. Das Universum hört immer eure Bitten, jedoch kommen häufig unterschiedliche Botschaften bei uns an. Die eine Botschaft ist ein sehnlicher Wunsch, und die andere lautet: „Ich glaube nicht daran, dass es in Erfüllung geht", oder „Ich habe sowieso kein Glück". Das macht es für das Universum schwierig. Ist der Wunsch reinen Herzens, entspricht er eurem Seelenplan und dem richtigen Zeitpunkt, wird er immer erhört und erfüllt. Je klarer und genauer ihr eure Bitte formuliert, umso rascher wird es nach eurem Wunsch geschehen. Ist euch das Gebet eher vertraut, dann sprecht inniglich ein Gebet. Gebete haben eine große Kraft.

Ermächtigt euch jetzt, zum Begründer des neuen Lebens auf einem wundervollen heilen Planeten mit gesunden Menschen und Lebewesen zu werden. Mehr und mehr seid ihr in der Lage, die Schöpfungskraft zu benutzen und positive Energien aktiv zu lenken.

☆☆☆☆☆

Die heilsame Stille (Erzengel Jophiel)

Du bist jetzt schon Jahrtausendelang unterwegs, um in dieser Zeit auf der Erde zu sein. Du warst so unendlich lange auf der Suche und kommst deinem Ziel immer näher. Du wirst zum Mitschöpfer des neuen Daseins auf Erden, der Leichtigkeit, der Freiheit und der Liebe, die sich jetzt endgültig manifestieren wollen. Die Erde wird aufsteigen, und ein neues Bewusstsein wird wachsen. Denn ihr steigt mit auf. Niemand ist allein. Ihr seid alle eine große Einheit.

Werdet still, ihr geliebten Seelen. In der Stille offenbart sich das Licht. In der Stille seid ihr eins mit allem. In der Stille seid ihr präsent. In der Präsenz erhebt sich das Bewusstsein und schwingt sich, leicht wie auf Engelsflügeln, in höhere Dimensionen. In der Präsenz erfahrt ihr die Weisheit der Quelle, sie kann sich immer deutlicher in eurem Leben offenbaren. Die Präsenz ist der zeitlose leere Raum in euch, in dem ihr das Ewige, das Heilige und die Stille findet. Und Frieden. Denn Frieden ist ewig. Freude und Glückseligkeit sind Momentaufnahmen im Leben eines Menschen. Sie werden niemals ein Dauerzustand sein können. Stille und Frieden kehren in den menschlichen Geist ein, wenn ihr von Augenblick zu Augenblick sein könnt, mit allem, was darin geschieht, als Betrachter des Ganzen. Als Wahrnehmende der Situationen, als Zuschauer. Als Annehmende und Seinlassende. Wenn keine Verstrickung mehr stattfindet, kein Hadern. In diesem Seinszustand wird das Ego immer weniger, es zieht sich zurück. Während das In-sich-Ruhen an Kraft gewinnt, ist die Präsenz im Augenblick da.

☆☆☆

Was geschieht in der Präsenz?

Der innere Raum des Herzens weitet sich, und darin nehmen wir Platz.
Gedanken werden ruhig und still, Worte überflüssig.
Frieden geschieht.

Die Vergangenheit ist vergangen, die Zukunft noch nicht da.
Die Schönheit in uns wird offenbar.
Es ist nichts, es ist alles,
und es ist jetzt.

Genau genommen ist in der Präsenz einfach nur „Stille". Eine Stille, die uns unglaublich guttut, die wir aber nur in seltenen Momenten spüren. Um in der Stille präsent zu sein, müssten alle unsere Tätigkeiten zur Ruhe kommen, und dafür nehmen wir uns viel zu selten die Zeit. Häufig gibt es im Laufe eines Tages keine einzige Minute, in der wir nichts tun. Selbst wenn wir meinen, uns hinsetzen zu müssen, nehmen wir ein Buch oder eine Zeitschrift zur Hand. Häufig erledigen wir sogar zwei Dinge auf einmal. Selbst im Urlaub ist es heute schon üblich, uns mit Musik, Handy oder Computer zu beschäftigen. Wir lassen uns mehr und mehr mit attraktiven technischen Spielereien von dem einfachen Dasein und der Stille ablenken. Dieses sind Ablenkungsmanöver des Egos, das uns damit in ständiger Beschäftigung hält.

Kinder und Jugendliche sind besonders gefangen in der Welt der Technik. Viele Kinder werden schon jetzt vorbereitet für großartige Technologien, die in der Zukunft auf der Erde entstehen. Deswegen fühlen sich viele Kinder intuitiv sehr hingezogen zu allem Technischen. Dennoch sollte auch ihnen die Zeit bleiben, sich zu spüren und den eigenen inneren Impulsen zu folgen. Und nicht dem, was die Konsumgesellschaft ihnen vorschreibt.

Stille erfahren wir nur im absoluten Nichtstun. Wenn Anteile unserer Persönlichkeit schon bei der nächsten Tätigkeit sind, kommen unsere Gedanken nicht zur Ruhe. Der Ausdruck „Ich bin zerstreut“, trifft es auf den Punkt. Telefoniere ich im Urlaub täglich mit daheim, ist ein Teil meines Seins an meinem Heimatort. Ein Teil ist vielleicht schon wieder bei der Arbeit, und ein Teil bei den Sorgen der Zukunft. Unsere Seelenanteile sind in verschiedene Richtungen zerstreut. Sind wir im Augenblick, können die Seelenanteile, die jetzt zu uns gehören, bei uns sein. Unsere Kraft und unsere Liebe finden wir nur in der Stille des Herzens. Wir sollten uns ehrlich fragen, ob wir all die technischen Dinge wirklich brauchen. Ob sie uns nicht sehr viel von der Zeit des einfachen Daseins nehmen. Es ist nicht nötig, stundenlang zu meditieren oder Mantren zu rezitieren, aber Zeiten in denen wir ohne Ablenkung ganz bei uns sind, wären sinnvoll.

☆☆☆☆☆

Licht und Schatten (Erzengel Jophiel)

Wir sehen, dass die Dunkelheit auf Erden sehr zugenommen hat. Dennoch dürfen wir, um die Lernprozesse nicht zu behindern, nicht eingreifen. Aber wir können euch, wenn ihr uns darum bittet, stärken und unterstützen. Wir sehen, wie viele Lichtboten unter euch immer wieder ins Zweifeln geraten. Wie viele wundervolle Seelen sich ohnmächtig fühlen. Wie ihr anfangt zu hadern, wenn ihr die Zeitung aufschlagt oder die Nachrichten der Welt anseht. Aber wisset, geliebte Seelen, das Licht nimmt genauso zu, wie momentan der Schatten. Die Dunkelheit ist zweifellos sehr mächtig. Verurteilt oder verdammt sie nicht, sondern erhellt sie mit eurem Licht. Seht die Dunkelheit und bleibt in der Liebe.

Seid in der Liebe und im wertfreien Mitgefühl mit den Menschen, die leiden. Lasst euer großartiges Licht durchscheinen, und viele werden euch folgen. Die Botschaft der Liebe könnt ihr durch das einfache Mittel, des eigenen Beispiels, zu den Menschen tragen, mit deren Leben ihr in Berührung kommt. Durch Licht wird der Schatten erhellt. Wo Licht ist, kann kein Schatten bestehen. Wo Licht ist, muss der Schatten weichen, er löst sich auf. Ihr alle, die ihr diese Zeilen lest, habt euch vor eurer Inkarnation bereit erklärt, in der Zeit des Wandels auf der Erde zu sein, um mitzuhelfen, jeder auf seine Weise. Macht euch diese Wahrheit einmal wirklich bewusst. Spürt ihr das tiefe Bedürfnis in eurem Herzen, jetzt hier wirklich etwas verän-

dern zu wollen, wird es euch leicht fallen. Es wird zu eurer eigenen Wahrheit und zu eurem innigsten Verlangen. Beginnt immer bei euch selbst. Seid ihr angefüllt mit Liebe, kann sie sich in eurem Energiefeld ausbreiten und ungehindert in das tägliche Tun einfließen.

Unsere Bitte an euch: Gebt nicht auf, so, wie wir es auch nicht tun! Bewertet nicht die Dunkelheit und seht nicht weg. Wendet euch der Liebe zu, bleibt in der Liebe und entzündet den Lichtfunken in jedem Menschen. Es geht jetzt nicht mehr nur um Einzelne, sondern um alles Leben auf der Erde. Ihr seid die Schöpfer einer neuen Realität, eines Daseins auf Erden, in Liebe und Mitgefühl zu sein mit Allem-was-ist. Die Erde wird sich verwandeln, sie wird erblühen in aller Schönheit und Pracht. Das ist wirklich wörtlich zu nehmen. Es werden mehr Blumen in wunderschönen Farben wachsen, wenn die Menschen lichtvoller werden und die Dunkelheit abnimmt. Die Schönheit im Inneren manifestiert sich im Außen.

Seit einigen Jahren werden schon viele Wesen vorbereitet, die sich bereit erklärt haben, unsere Botschaften in Texte zu übertragen, damit möglichst viele Lichtboten erreicht werden. Wird der Energiekörper lichter, bekommt ihr einen klaren Kontakt zu uns, ihr könnt unsere Liebe spüren und unsere Botschaften wahrnehmen.

Ihr könnt Mutter Erde am besten dienen, indem ihr das Licht, das ihr seid, lebt und nach außen tragt. Jeder

Mensch, der sein Licht und seine Aufgabe anerkennt, dient der Erde. Ihr seid viel größer und machtvoller, als ihr zu sein glaubt. Fangt an, die wahre Größe und Kraft zu leben. Seht das riesige Potenzial, das noch in euch schlummert und sich offenbaren will. Erlaubt, dass es geschehen darf. Auch wenn es zur Zeit nicht immer danach aussieht, können viele Seelen den Schleier des Vergessens ablegen und erwachen. Was früher nur einzelnen Wesen möglich war, ist durch die Erhöhung der Frequenz jetzt vielen möglich.

Es kommt eine Zeit, in der ihr Dinge nur noch dann tut, wenn ihr die Notwendigkeit und den richtigen Zeitpunkt dafür spürt. Es wird alles viel spontaner geschehen, von Moment zu Moment. Entscheidungen werden dann getroffen, wenn ihr die Wahrheit im Herzen fühlen könnt und spürt, was eurem Seelenplan entspricht. Selbstfürsorge, Selbstermächtigung und Selbstverantwortung werden zentrale Themen werden. Dafür sind die Übungen in den heutigen Büchern sehr kraftvoll, und ihr könnt sie jederzeit durchführen. Schon beim Lesen der Texte wird viel lichtvolle Energie übertragen. Sie enthalten reine Frequenzen der Liebe.

☆☆☆

Das Licht

Erinnere dich, wenn an grauen Nebeltagen
die Schatten deine Seele umhüllen.

Erinnere dich, wenn das Leid dich in ungeahnte
menschliche Verwirrungen treibt.

Erinnere dich, wenn du glaubst, die Kälte dieser
Welt nicht mehr ertragen zu können.

Erinnere dich, wenn Gott dich scheinbar einfach stehenlässt, ohne dich aus deinem Schmerz zu erheben.

Erinnere dich an mich,
denn du bist ich, das Licht!

☆☆☆☆☆

Die Ursehnsucht (Erzengel Chamuel)

Seit Anbeginn der Zeit seid ihr eingebunden in die große göttliche Liebe und des Lichts, das sich, ähnlich dem menschlichen Atem, in sanften Bewegungen ausdehnt und zusammenzieht. In diesem Gewahrsein ist eine Stille, die ihr auf Erden nicht einmal in den einsamsten Wüsten findet.

Vor der Inkarnation in einen festen Körper seid ihr Teil Gottes, der Göttin, der Serafim, der Erzengel, der Aufgestiegenen Meister, des Christusbewusstseins und vieles mehr, denn auf der göttlichen Ebene gibt es keine Trennung. Die Trennung ist eine Illusion. Ebenso seid ihr leicht, frei, hell und schön. Ihr seid Frieden und Stille. Dies alles ist eure wirkliche Wahrheit und mit euren begrenzten menschlichen Worten nicht annähernd zu beschreiben.

Um euch erfahren zu können, inkarniert ihr euch in einen Körper, der zunächst in einem anderen Körper heranwächst. In dem Körper eurer Mutter erfahrt ihr die erste räumliche Begrenzung, die im Laufe der Schwangerschaft immer mehr zunimmt. Ihr fühlt euch geborgen, sanft umfangen von Wärme und gedämpftem Licht. Ihr spürt die Liebe, wie auch die Sorgen eurer Mutter, könnt es im Fruchtwasser schmecken. Bei der Geburt spürt ihr das erste Mal Kälte, Helligkeit, Erdenschwere und Schmerz. Mit der physischen Geburt werden auch der Urschmerz und die Ursehnsucht geboren. Aus dem Urschmerz heraus schreien manche Babys so erbärmlich. Durch das Heraus-

schreien können sie einen Teil des Schmerzes erlösen.

Die Ursehnsucht tragen alle Menschen in ihrer Seele. Ohne die Ursehnsucht und das verborgene Wissen um die göttliche Herkunft würdet ihr euch nie auf die Suche nach dem wahren Sein begeben. Ihr spürt von Anfang an, dass ihr mehr seid als das, was man euch lehrt und was ihr zu sein scheint. In eurem Herzen ist die reine Liebe des ganzen Kosmos enthalten. Das menschliche Herz ist nicht nur ein Organ, wie manche glauben, es ist das Zentrum des Wissens, der wertfreien Liebe, und in ihm ist der göttliche Funken zu finden. Ist dieser entfacht und das Herzchakra offen, wird euer Herz zu einem Lichtherz, das nach außen zu strahlen beginnt.

Das Herz stellt die Verbindung zum Universum dar, durch das ihr genährt werdet. Aus diesem Grund sagen wir euch immer wieder: Werdet still und blickt in eurer Herz, dort findet ihr Antworten auf alle Fragen, und ihr seht die vollkommene Schönheit eures wahren Seins. Der Blick sollte von innen nach außen gehen und nicht umgekehrt. Das Äußere ist die Wirklichkeit, die ihr euch erschaffen habt und täglich neu erschafft, das wahre Sein ist innen. Die Ursehnsucht dient euch als Antrieb, euch zurückzubesinnen in die eigene Wahrheit. All die Fragen nach dem „Wer bin ich, wo komme ich her, und was tue ich hier?, entstehen durch die Antriebskraft der Ursehnsucht. Um euch einen Ort zu geben, an dem ihr Ruhe und Frieden findet, möchte ich euch von der heiligen Kammer erzählen.

Die heilige Kammer in deinem Herzen

Erschaffe dir eine schöne, entspannte Atmosphäre und lies vielleicht den folgenden Text zuvor ganz durch. Nun schließe bitte deine Augen und gehe mit deiner Aufmerksamkeit in dein Herz.

Es gibt in deinem Herzen eine kleine Kammer, in der alles enthalten ist, was du brauchst. Stell es dir, wenn möglich, wie einen hellen, warmen, lichtdurchfluteten Raum vor. Sieh dich erst einmal in aller Ruhe um. Wie müsste die Einrichtung aussehen, damit du das Gefühl hättest, an einem heiligen Ort zu sein? Du bist der Schöpfer dieses Ortes. Gibt es Bilder, Blumen, vielleicht goldene Möbel oder einen Altar?

Welche lichtvollen Wesen sollen für dich anwesend sein? Deine kosmischen Eltern? Möchtest du Aufgestiegene Meister wie Sananda, Maria, Lady Nada oder andere in deine heilige Kammer bitten? Oder Erzengel, Engel, vielleicht Elfen und Feen? Sind dir hoch entwickelte Tiere wie Delfine, Einhörner oder Drachen am liebsten? Fühle dich ganz frei, die Wesen einzuladen, die für dich richtig sind. Sei auch bitte nicht zu bescheiden, alle können mit ihrer Energie für dich da sein.

Vielleicht ist es dir aber lieber, alleine an diesem wunderbaren Ort zu sein. Dann erlaube es dir. Die heilige Kammer ist ein Ort des Rückzugs, der Stille und des Zuhause-

Seins. Es ist ein Ort des Sich-aufgehoben-Fühlens und des Willkommen-Seins, mit allem, was du bist. An diesem Ort haben dein Inneres Kind, deine Innere Frau oder dein Innerer Mann einen Platz. Und es ist ein heiliger Ort, betritt ihn mit Würde und Respekt. Es ist dein ganz eigener Platz in deinem Herzen. Du kannst ihn dir immer wieder neu erschaffen. Sei kreativ und lass fließen, was an Schönheit da sein möchte. Liebst du Glitzer und Kristalle, dann lass es in deiner heiligen Kammer in allen Farben funkeln. Erlaube, dass eine Zauberwelt in deinem Herzen entsteht.

Wenn du so weit bist, dann öffne dich dafür, dass jetzt Erzengel Chamuel kommt und in der heiligen Kammer die Flamme der Liebe und Leichtigkeit entzünden wird. Stell dir nun vor, wie der ganze Raum mit warmem, rosaroten Licht aufgefüllt wird. Wie sich die Liebe in der heiligen Kammer deines Herzens immer mehr ausbreitet und aktiviert wird. Visualisiere, wie sich das liebevolle Gefühl in deinen Zellen und Organen ausdehnt. Fühle und sieh es, so gut es eben geht. Oder erschaffe dir ein eigenes Bild, eine Farbe, eine Erinnerung an ein gutes Gefühl, das du mit der heiligen Kammer verknüpfen könntest. Vertraue und sei gewiss, dass es so geschieht, wie es für dich stimmt. Nimm dir so viel Zeit dafür, wie du benötigst.

Von nun an ist die Flamme der Liebe in deinem Herzen für immer aktiv. Egal, wo du bist, die heilige Kammer gehört dir und du kannst sie jederzeit aufsuchen. Lade dich so oft wie möglich mit dieser liebevollen Engelenergie auf.

Erschaffe dir am Tag kleine Zeiten des Nichtstuns. Kurze Momente, in denen du dich an der heiligen Kammer erfreuen kannst. Je lichtdurchfluteter dein Herzzentrum wird, desto mehr wachsen die Liebe und die Freude in dir an. Du kannst auch jederzeit Fragen an deine geistigen Helfer, die du eingeladen hast, richten.

☆☆☆

Wann...?

Wann hast du dich das letzte Mal
schweigend zu dir gesetzt und
dich in die Tiefe deiner
Seele gefühlt?

Wann hast du das letzte Mal
deine Seele begrüßt und dich
ihrer Führung ganz
anvertraut?

Wann hast du das letzte Mal
in der Stille deines Herzens deiner
ureigenen Weisheit
gelauscht?

Wann wirst du das erste Mal
deine wahre Schönheit
wirklich sehen?

☆☆☆☆☆

Der innere Engel (Erzengel Gabriel)

Jeder von uns hat eigene Symbole und Bilder, die im Inneren etwas Vertrautes anklingen lassen. Etwas, das unsere ureigene Wahrheit zu aktivieren vermag und hilfreich ist, um uns an unsere Herkunft zu erinnern.

Erzengel Chamuel gab uns die heilige Kammer als Ort der Regeneration, und Erzengel Gabriel überraschte mich mit dem wunderschönen Geschenk des inneren Engels. Eigentlich hatte ich die Bitte an die Geistige Welt gerichtet, etwas schreiben zu dürfen über das: „Leben im Herzen und aus dem Herzen heraus." So wurde ich sehr in Erstaunen versetzt, als plötzlich ein kleiner Engel in meinem Herzen lebendig wurde. Er zeigte sich so aufgeregt, als würde er schon sehr lange darauf warten, endlich aktiv werden zu dürfen. Wenn ich es mir so recht überlege, wurde meine Bitte umgehend erfüllt, wenngleich ich es mir auch ganz anders vorgestellt hatte.

Stell dir vor, in deinem Herzen lebt ein Lichtwesen, ein Engel. Er ist schön, er ist rein, und er strahlt ein helles Licht aus. Dieser Engel kennt keine Bewertung, weder über dich, noch über andere. Er kennt auch keine Beurteilung über Gefühle oder Situationen. Ebenso kennt er weder die Vergangenheit noch die Zukunft, denn er ist „jetzt", und er ist reine Liebe.

Dieser schöne Engel ist da, und er will sein Licht in die

Welt strahlen lassen. Er will singen, lachen und tanzen. Er will das Leben auf der Erde in vollen Zügen genießen, denn es ist für ihn eine einmalige Gelegenheit. Er führt dich hin zur Freude, zur Leichtigkeit und zum inneren Frieden. Er will dann anderen helfen, wenn seine Hilfe dem göttlichen Plan entspricht. Wenn nicht, bleibt er auch gerne bei sich in der Liebe. Das ist natürlich nicht schwer für ihn, denn er ist es ja selbst. Am liebsten leuchtet er wie ein Glühwürmchen und steckt alle Menschen mit seiner Freude an. Das ist ein tolles Spiel, denn für ihn ist alles ein Spiel. Er liebt einfach alles und jeden.

Manchmal hat er auch Sehnsucht nach Zuhause und möchte bei Seinesgleichen und bei Gott vorbeischauen. Mit einem Gedanken ist er dann schon oben und sieht nach dem Rechten. Da es ihm aber auf diesem wunderschönen blauen Planeten recht gut gefällt, kehrt er gerne zur Erde zurück.

Auch in Zeiten von Krankheit und Not ist er sehr gerne für dich da, denn er verfügt über große Heilkraft. Vertraust du ihm, wird er dir Wege der Heilung aufzeigen, die dir am besten dienen. Siehst du deine Probleme durch seine Augen der Liebe an, wirst du Wissen erhalten, das dir zur Gesundung verhilft. Zu jeder Zeit kannst du ihn darum bitten, deine Sorgen, Nöte und Krankheiten in eine Lichtkugel zu legen und sie zur Linderung zu Gott Vater/Mutter hinaufzutragen. Es ist ihm eine große Freude, dieses für dich tun zu dürfen.

Halte täglich einige Augenblicke inne und konzentriere dich auf deinen inneren Engel. Frage ihn, was er will, und lass ihn mitentscheiden, was in deinen Tag heute einfließen darf. Er wird dir immer den Weg der Liebe, der Leichtigkeit und der Freude zeigen. Er wird nichts und niemanden bewerten und alle Situationen dem göttlichen Plan entsprechend annehmen. Er zaubert dir ein Lächeln ins Gesicht, und über so manches in deinem Leben kannst du vielleicht sogar schmunzeln. Erinnere dich immer wieder an ihn, und er lässt Tag für Tag die Sonne für dich scheinen. Anfangs ist dein innerer Engel noch ganz klein. Er ist ein Babyengel. Je mehr Fürsorge und Beachtung du im schenkst, umso schneller wird er wachsen. Er wird größer und kraftvoller und kann dein Dasein immer selbstverständlicher erfüllen. Mit der Zeit fließt seine Engelenergie automatisch in dein tägliches Handeln mit ein. Es bereitet uns große Freude zu sehen, wie viele Engel in den Herzen der Menschen nun zu vollem Leben erwachen dürfen.

Entferne alle Schnüre und Bänder, die ihn noch zurückhalten könnten. Rufe Erzengel Michael und bitte ihn, mit seinem Lichtschwert alle vorhandenen Bänder zu durchtrennen. Sei gewiss, dass Michael umgehend herbeieilen wird, um deinem Wunsch zu entsprechen.

Meine große Bitte an dich, geliebte Seele: Lass diesen Engel in dir frei.

Nun, geliebte Seele, hast du ein klares Bild von dem

Engel, der in deinem Herzen lebt. Dieser Engel ist nicht getrennt von dir, er ist nicht nur da, nein, er ist sogar ein Teil von dir. Er ist das strahlende Licht und die allumfassende Liebe, die wir in deinem Herzen erblicken.

☆☆☆☆☆

Die Erleuchtung (Erzengel Jophiel)

Viele von euch sind auf der Suche nach Erleuchtung und Erwachen. Viele wissen gar nicht, wie sich Erleuchtung anfühlt oder wie sie aussieht. Manche von euch denken, dass nur bestimmte Wesen, die lange meditieren, erleuchtet werden können. In Wirklichkeit ist die Erleuchtung nur ein anderes Wort für die göttliche Liebe. Lediglich durch den konditionierten vernebelten Verstand mit seinen Bewertungen könnt ihr dieses nicht sehen. So wie die Liebe in eurem Innern immer da ist, ist auch die Erleuchtung bereits in euch angelegt. Habt ihr die reine göttliche Liebe wahrhaftig in der ganzen Tiefe und Schönheit erfahren und sind eure Handlungen von göttlicher Essenz erfüllt, kommt ihr der Erleuchtung immer näher. Nun könnt ihr beginnen, das zu sein, was eurer wahren Natur entspricht und eure Handlungen werden mit Licht und Liebe durchflutet.

Dennoch ist es so, dass manche Seele einen kurzen oder langen Weg dafür zurücklegen oder traumatische Erfahrungen durchleben muss. Erschreckt nicht bei diesem Gedanken, aber einige brauchen solch ein Geschehen, um sich zurückzubesinnen, damit sie fähig werden, in ihr wahres Sein zu gelangen. Sie hatten sich auf ihrem Lebensweg verloren und keinen Zugang mehr zu dem inneren Licht. Für manche Seele gibt es nur diesen einen Weg. Wir aus den lichtvollen Sphären können größere Zeiträume überblicken und sehen, was danach kommt. Aus diesem Grund machen wir uns darüber keine Sorgen, wir wissen um die Berechtigung der göttlichen Ordnung.

Ich möchte euch mitteilen, dass all die Schmerzen nicht notwendig sind. Ihr habt heute viele Werkzeuge und viel Wissen zur Verfügung, um ohne jegliches Leid zu erwachen. Es gibt einen sanften Weg, dieses ist der Weg der Liebe. Entscheidet ihr euch dafür, werdet ihr zu eurem göttlichen Kern geführt. Erleuchtung ist nichts anderes als die Liebe, das Licht und die Stille im Herzen. Nur in der Stille kann sich das Göttliche offenbaren. In der Stille löst sich das kleine Ich auf und wird zum großen Ich. Der Weg zum Licht ist immer der Weg der Stille, und Erleuchtung bedeutet nichts anderes als:

Du bist die göttliche Ordnung der reinen Liebe,
und die Liebe in dir lenkt dein Denken und Handeln.

Einige von euch werden langsam erwachen, viele spirituelle Übungen sind dafür Wegbereiter. Seid nicht ungeduldig, alles geschieht zur rechten Zeit. Der letzte Schritt zur wahren Erleuchtung ist vollbracht, wenn ihr euch nicht mehr als kleines Ich erfahrt. Wenn ihr euch wiederfindet im großen göttlichen Gefüge und nur als Mensch hierhergekommen seid, um Erfahrungen machen zu dürfen. Wenn ihr in der Tiefe eures Herzens spürt, dass ihr nicht das seid, was ihr zu sein glaubt. Nicht der Körper, die Gedanken oder die Gefühle. All das Äußere hat sich um euren wahren Kern herum gebildet, das Äußere dient euch lediglich als Gefährt, um euch auf der Erde als Mensch verwirklichen zu können.

Arbeitet ihr beständig daran, die Liebe wachsen zu lassen und nach außen zu tragen, wird sich die Liebesfähigkeit immer mehr erhöhen. Die Kraft der Liebe wird zunehmen, und einiges in eurem Leben wird leichter. Vieles seht ihr dann mit anderen Augen an. Es wird nicht alles rosarot sein, aber es wird heller und lichter, und ihr seht, was wirklich ist. Ihr werdet beginnen, euch auf das Gute im Menschen zu konzentrieren und das Negative weniger wahrnehmen. Dadurch können auch andere in eurer Umgebung ihre guten Seiten mehr zum Ausdruck bringen. Sie fühlen sich in eurer Nähe beflügelt und zeigen von sich das Beste. Euer Energiefeld der Liebe wird immer größer, und ihr zieht Gleiches magisch an. Mit der Zeit werdet ihr fähig, eure Liebe weiter auszudehnen und immer mehr Lichtvolles wie ein Magnet in euer Leben ziehen. Die Anziehungskraft der Liebe beginnt zu wirken.

Ein reines liebevolles Herz
ist der Ausdruck von Schönheit
einer unsterblichen Seele.

Je beständiger ihr in der Liebe seid, desto kleiner wird das Ego. Das Ego nimmt sich selbst wichtig, die Liebe nicht. Die Liebe braucht kein Ego, sie ist sich selbst genug. Entscheidend sind immer die Ausdauer und die Willenskraft. Tauchen Hindernisse auf, dann nehmt auch diese liebend an. Sie zeigen euch die Lernaufgaben und was ihr noch zu erlösen habt. Beginnt damit, euch selbst mit allem, was ihr seid, liebend anzunehmen. Annehmen heißt, es so zu las-

sen, wie es ist, ohne etwas zu bewerten und verändern zu wollen. Sich selbst so sein lassen zu können, wie man ist, ist ein großer Schritt auf dem Weg zum Erwachen. Sich dauernd verändern zu wollen, ist reine Zeitverschwendung und hält euch immer in der Beschäftigung. Bewegt ihr euch auf dem Herzensweg, wird in euch von alleine eine innere Wandlung vollzogen und eure Handlungen immer mehr von Liebe erfüllt sein. Gelassenheit und Frieden geschehen, wenn alles „einfach sein" darf. Wenn alles gefühlt werden darf, ohne sich darin zu verstricken und allzu lange daran anzuhaften.

Verlasst ihr einmal diesen Weg, dann habt Geduld mit euch und kehrt wieder zurück. Für manche kann das langsame Anpassen des Energiefelds der Liebe ohnehin wichtig sein. Vertraut auf diesen Prozess. Es wird auch mal Rückschläge geben, aber durch Beharrlichkeit wird euer inneres Licht Stufe für Stufe freigelegt, und ihr könnt immer wieder aus der inneren Quelle schöpfen. Ihr werdet wertvolle Arbeit für die Menschen und diesen Planeten leisten. Ihr könnt euch anschließen an das größer werdende Lichtnetz der Erde und im Kollektiv der Liebe wirken. Schreitet ihr voran auf diesem Weg, werdet ihr nicht nur liebesfähiger, sondern auch lichtvoller.

Auch Liebe kann wachsen. Am Anfang spürt ihr Liebe zu Menschen und Dingen, später entsteht die Liebe zu Allem-was-ist. Im weiteren Fortschreiten wird die Liebe zunehmend bedingungslos und wertfrei. Dieses ist schon eine sehr hohe Bewusstseinsebene. Die Liebe, die ihr dann lebt, ist nicht mehr von äußeren Faktoren abhängig oder von etwas, was ihr unbedingt haben wollt, das den Glanz verliert, sobald ihr es erhalten habt. Selbst die Intensität der Liebe zu einem Menschen wird irgendwann vergehen, und ihr begebt euch erneut auf die Suche, damit andere das Gefühl der Liebe in euch neu entfachen.

Die wahre Liebe macht den Menschen zur Liebe selbst, und dieser braucht niemanden, um zu lieben. Äußere Wünsche und Bedürfnisse werden kleiner. Die wahre Liebe ist allumfassend, wertfrei und bedingungslos. Sie ist nie endend und grenzenlos. Ebenso wenig braucht sie Belohnung und Anerkennung, und sie erwartet nichts zurück. In der wahren Liebe werdet ihr frei und friedvoll. Aber bedenkt, geliebte Seelen, etwas über die Liebe zu wissen, heißt noch nicht „liebend zu sein". Liebe muss erfahren, erfühlt und gelebt werden.

Meine Botschaft lautet „Öffne dich für neue Erfahrungen, eventuell müssen auch schmerzhafte Erlebnisse bearbeitet werden, damit sie in Liebe transformiert werden können. Sei bereit zu lernen, und sei offen für etwas Neues. Bist du wirklich bereit, dich für die göttliche Liebe zu öffnen, werden kraftvolle Geistführer an deiner Seite stehen. Vielleicht bekommst du zusätzliche oder andere Helfer. Du bist nicht allein auf deinem Weg, auch wenn es manchmal so scheint. Dein Leben wird sich sehr verändern, Gewohntes kann abbröckeln, Neues kommt hinzu.

Öffne dich im Vertrauen, und wir können dich behutsam führen. Tritt ein in die göttliche Liebe und folge uns nach Hause ins Licht".

Erinnere dich an deine wahre Größe und die ganze Kraft, die darin verborgen liegt.

Nutze dein herrliches Licht, um dein volles Potenzial mit göttlichem Segen zum höchsten Wohl der großen Seele zu leben.

☆☆☆☆☆

Der Weg zum Erwachen

In einem Lied heißt es: I surrender to love. Das bedeutet: Ich ergebe mich der Liebe, ich gebe mich der Liebe hin. Nicht mehr mein kleines Ich entscheidet, ich treffe Entscheidungen aus meiner inneren Göttlichkeit, in der Verbindung mit der Quelle allen Seins. Das erfordert tiefe Hingabe, Vertrauen und Mut. Wollen wir unser wahres Selbst erkennen, müssen wir ganz klar die Entscheidung für die Liebe treffen und uns klipp und klar sagen: „Ich werde den Weg der Liebe gehen!" Nicht: „Ich will den Weg gehen, oder ich versuche den Weg zu gehen", nein: „Ich werde ihn gehen!" Es ist scheinbar nur ein kleiner Unterschied in der Wortwahl, aber energetisch ist das „Ich werde" doch eine eindeutigere und kraftvollere Absichtserklärung.

Bitten wir die Geistige Welt um Unterstützung bei der Selbsterkenntnis, wird sie uns umgehend zur Seite stehen. Manchmal müssen wir diese Entscheidung täglich neu treffen, denn in unserem Beschäftigtsein vergessen wir unsere Absichten allzu schnell. Hierzu dienen uns kurze Momente der stillen Einkehr. Als ich durch Jophiel in das Thema der Stille geführt wurde, nahm ich schnell wahr, dass es diese stillen Momente in unserem Alltag kaum zu geben scheint. Familie, Haushalt und die Arbeit füllten die meiste Zeit des Tages aus. Allerdings hatte ich auch die Angewohnheit, abends vor dem Schlafengehen noch eine Stunde fernzusehen. In dieser Stunde wusste ich nicht so recht, was ich noch hätte tun können, hatte auch keine

Lust mehr zu irgendetwas, und so schlich sich die Entspannung vor dem Fernseher ein. Solche Zeiten können wir nutzen, um uns an die Dinge zu erinnern, die wir in unserem Leben verwirklichen wollen. Aber besonders, um wirklich wieder einmal still zu werden, nichts zu tun und absichtslos „da-zu-sein".

Viele von uns haben in Meditationen und in spirituellen Seminaren schon tiefgreifende Einheitserlebnisse gehabt. Sie ließen uns einige Tage oder Wochen schweben, aber nach dieser Zeit war das gute Gefühl wieder weg, und wir waren enttäuscht. Häufig beschleicht uns das Gefühl: Es hat ja doch wieder nichts gebracht, und wir sind schon wieder auf der Suche nach dem nächsten spirituellen Kick. Diese guten Gefühle sind nichts anderes als erhöhte Schwingungen, die man ebenfalls durch schöne Musik, Singen, tolle Stunden in der Natur oder etwas, das unser Herz öffnet, erleben kann. Da sie sich aber auf besondere Situationen beziehen, sind sie nicht beständig. Gerade in der Dualität der Erde ist es am Anfang etwas mühsam, auf dem Weg der Liebe zu bleiben. Alles, was wir neu lernen wollen, bedarf einer gewissen Beharrlichkeit und Konsequenz. Das Schöne an der Liebe ist, es wird keine Misserfolge geben, allenfalls Verzögerungen.

Entscheiden wir uns für diesen Weg, spüren wir mit der Zeit die Auswirkungen auf uns und andere. Dadurch wachsen die Überzeugung und das Verlangen weiterzugehen, alleine deswegen, um in der Frequenz der erhöhten

Schwingung zu bleiben. Sind wir erst einmal an diesem Punkt angelangt, ist die erste Hürde geschafft. Denn nun spüren wir, wie viel wir dadurch an Lebensqualität gewinnen. Wie wir tatsächlich unser eigenes Paradies auf Erden erschaffen, indem wir unseren Lebensfilm neu schreiben. Wir beginnen, viele Situationen in unserem Leben aus einer anderen Sicht, einer liebenden Sicht, zu betrachten. Wir spüren, wie unsere Liebesfähigkeit anwächst und wir immer liebevoller werden. Hiermit ist nicht die alleinige Liebe zu einem Menschen oder einem Tier gemeint, die allumfassende Liebe schließt alles, jeden und jegliches mit ein.

Ist die Anfangsstufe überschritten, wird es immer leichter, Liebe in alles fließen zu lassen. Nun brauchen wir uns nicht mehr selbst zu überzeugen, es wird zu unserem innersten Verlangen. Haben wir nicht sowieso schon die Entscheidung für die Liebe aus idealistischen Gründen getroffen, nehmen wir uns nun vor, den Weg der Liebe nicht mehr zu verlassen, schon wegen der guten Gefühle. Ab diesem Moment beginnt die Liebe, in uns ein eigenständiges und dennoch mit uns verbundenes Leben zu führen. Es ist der innere Engel geboren, er wächst und wächst und wird von Tag zu Tag kraftvoller. Viele negative Situationen werden nun nicht mehr in unser Leben gelangen können, da wir keine Resonanz mehr zu ihnen haben.

Manche werden sich fragen, wie geht das eigentlich, wie kann ich die Liebe fließen lassen? Da müssen wir uns für die Liebe, die sowieso schon immer in uns war, öffnen. Dennoch gibt es zwei Seiten in uns. Die eine ist die Schattenseite und die andere die Lichtseite. Wir haben die freie Entscheidung darüber, welcher Seite wir in unserem Leben mehr Gewicht geben. Welche Seite wir mehr leben wollen. Wichtig ist immer, die Schattenseite nicht zu verdrängen, denn dadurch bekommt sie erst recht Macht. Kehren wir alles Negative unter den Teppich, werden wir irgendwann darüber stolpern. Wir können alles einfach sein lassen, ohne es zu bewerten. Oder ich bewerte und liebe mich dennoch! Alles kommt und geht, von Augenblick zu Augenblick. Vergeben wir uns und lieben uns mit allem, was wir sind. Sieh den Schatten und bleib in der Liebe, dann kann Frieden geschehen.

Bei Gott werden wir so geliebt, wie wir sind, und mit allem, was wir sind. Gott hat uns längst vergeben, bevor wir ihn überhaupt darum bitten. Genauso können wir mit unseren negativen Seiten verfahren.

Um die Liebe, die um uns herum ist, wahrnehmen zu können, ist es notwendig, nicht nur unser Herz, sondern auch unsere Augen dafür zu öffnen. Sehen wir uns wirklich einmal ganz offen kleine Kinder oder Babys an, werden wir die göttliche Liebe in ihnen erkennen, sie leuchtet uns förmlich aus ihren Augen entgegen. Bei kleinen Kindern haben wir doch häufig das Gefühl, dass sie uns bis tief in die Seele blicken.

Im Laufe der Kindheit entwickelt sich der Verstand, und wir erfahren viele Bewertungen unseres Handelns, hinzu kommen Verletzungen und Enttäuschungen. Des Weiteren übernehmen wir Glaubenssätze von anderen. Wir sollten unseren Eltern aber keine Schuld zuweisen, denn sie haben uns aus bestem Wissen und Gewissen erzogen. Sie haben das weitergegeben, was sie selbst von ihren Eltern lernten. In der heutigen Zeit sind wir in der glücklichen Lage, aus den alten Dramen und Verletzungen aussteigen zu können. Es stehen uns heute viele Übungen zur Verfügung, damit das Innere Kind heilen kann. Durch Wissen, das früher nur Einzelnen zugänglich war, können wir uns als Erwachsene zurückbesinnen und wieder zu dem werden, was wir in den Augen eines Kindes sehen können und was wir in Wirklichkeit sind. Denn in unserem innersten Kern sind wir ganz, heil und unverletzlich.

Zukünftige Generationen werden es dann deutlich leichter haben. Wie Erzengel Gabriel es sagte: „Legt eine gesunde Saat für eure Kinder und sie wird prachtvoll erblühen." Natürlich werden unsere Kinder auch von der Gesellschaft negativ programmiert, aber es wird auch immer mehr Eltern geben, die neue Wege beschreiten und aus dem alten begrenzten Denken aussteigen.

Vor kurzem sah ich eine Sendung im Fernsehen über schwierige Jugendliche, die zu Gewalt, Alkohol und Kriminalität neigen. Auf den Fotos aus frühen Kindertagen der Jugendlichen strahlten mich glückliche Kindergesichter an, sodass ich ganz erschüttert war, was aus den einst so fröhlichen Kindern heute geworden ist. Im „Hineinfühlen“ wurde mir schnell klar, dass ihnen vor allem die wirkliche, annehmende Liebe fehlt. Ist das der Grund warum so viele junge Menschen ausbrechen und das Leben scheinbar kaum ertragen? Auf einem Workshop von Elisabeth Kübler-Ross brüllte einmal eine Frau aus tiefstem Herzen: „Wir sterben nicht am Tod, sondern an der Lieblosigkeit!“

Leben wir in Liebe und Harmonie mit unseren Kindern, sind sie selbst sehr bemüht, es uns recht zu machen. Gehen wir in Stresssituationen immer wieder in das Gefühl der Liebe zu unserem Kind, bleiben in unserer inneren Mitte, entspannen sich aufgeladene Situationen schnell wieder. Kinder sind sehr mit uns verbunden, sie spüren die Veränderung sofort, und die Liebe fließt umgehend zurück. Eine Freundin fragte mich einmal, ob es nicht recht anstrengend sei, zwei pubertierende Kinder zu haben. Worauf ich antwortete: „Nein, es wird von Tag zu Tag schöner.“

Bei unseren Partnern kann es allerdings schon etwas schwieriger sein, vor allem, wenn sie das alles für esoterischen Unsinn halten. Aber wir müssen sie gar nicht von der Liebe überzeugen, denn unser Energiefeld wird zunehmend heller und lichter, mit der Zeit spüren auch sie die Veränderung. Liebe ist die reinste Energie, die es in diesem Universum gibt, und sie verändert unser Leben in hohem Maße, wenn wir sie fließen lassen. Geben wir einen Schuss Liebe, sozusagen das Sahnehäubchen, über unser tägliches Tun, wird alles um uns herum freundlicher. Unsere Wünsche und Ziele verwirklichen sich schneller. Wir sind dann auch nicht mehr gewillt, dem allzu gewohnten Jammern in unserer Gesellschaft Energie zu geben, weil wir dadurch umgehend in eine niedrigere Schwingung rutschen.

Die Liebe ist und bleibt unsere wahre Natur, wenn ihr Fließen nicht durch Bewertungen, Glaubenssätze und negative Emotionen behindert wird. Unser Ärger über etwas ist immer nur eine Momentaufnahme in unserem Film des Lebens. Stellen wir uns die Gefühle als Schichten vor, kommt hinter dem momentan gefühlten Ärger als nächste oder übernächste Schicht Liebe. Dazwischen gibt es vielleicht noch eine Schicht alte Erfahrungen, alte destruktive Emotionen, Aufgestautes und Überzeugungen.

Nach einer Auseinandersetzung mit meinem Mann machte ich einmal folgende Übung: Ich ging mit meinem Ärger in die Natur, mit dem Anliegen zu erkunden, was hinter dem Ärger ist. Ohne Bewertung arbeitete ich mich Schicht für Schicht durch meinen Groll hindurch. Ich fand alte überholte Erinnerungen an ähnliche Situationen mit meinem Mann. Des Weiteren sah ich Erfahrungen aus der Kindheit, die mit dem jetzigen Thema zu tun hatten. Dann kam eine Zeitlang nichts – doch plötzlich sah ich ein helles Licht in meinem Herzen. In diesem Licht war kein Ärger, keine Schuldzuweisung, kein Vorwurf, es war einfach nur Frieden und Stille. Mit diesem Licht sind wir hier angekommen, es ist lediglich durch viele Erfahrungen überschattet worden. So, wie die Sonne, wenn sich eine Wolke vor sie geschoben hat.

Ist es nicht unglaublich faszinierend, an einem grauen Novembertag in ein Flugzeug zu steigen, durch die dicken Wolken zu fliegen und die Sonne scheinen zu sehen? Genauso verhält es sich mit unserer inneren Sonne. Bleiben wir bei dem festen Entschluss, den Weg der Liebe zu gehen und üben wir uns täglich darin, werden die dicken Gewitterwolken mit der Zeit dünner. Sie regnen und regnen, und irgendwann kommt die Sonne immer mehr zum Vorschein. Gelegentlich werden sich neue Wolken bilden, das können wir als Hinweis betrachten, was es noch zu bearbeiten gibt. Die Wolken sind sozusagen die Diener auf unserem Weg. Aber die Sonne wird immer häufiger scheinen, und wir können zunehmend zum Betrachter schwieriger Situationen werden. Wir bleiben ganz bewusst in unserer Mitte und nehmen einfach wahr, was gerade passiert. Je nachdem, wie emotional die Situation uns erscheint, wird uns das nicht immer gelingen. Die wichtigste Erkenntnis hierzu lautet: Je emotionaler wir reagieren, desto mehr ist unser Ego involviert. Umhüllen wir nun unsere negativen Gefühle mit einem Sahnehäubchen Liebe, kommen wir schnell wieder in unser altes Gleichgewicht.

Aller Anfang ist schwer, besagt ein altes Sprichwort. In unserem Fall bedeutet es, dass wir uns erst einmal durch eine Menge dicker Wolken durcharbeiten müssen, und vielleicht muss es auch mal richtig donnern. Aus tiefer Überzeugung sage ich: „Haben wir einmal das helle Licht und die Liebe unserer inneren Sonne wirklich wahrgenommen, sie wirklich in ihrer Ganzheit erfühlt und gesehen, wollen wir, dass sie immer und überall scheint. Wir wollen sie nicht mehr nur sehen, nein, wir wollen zu ihr selbst werden. Und sie soll nicht mehr nur für uns scheinen, sondern für alles, mit dem wir in Berührung kommen." Arbeiten wir beständig an diesem Ziel, kommen wir dem Erwachen in unserem wahren Selbst, dem Aufstieg ins Licht, immer näher.

Ziel des Erwachens ist letztendlich das Beenden jeglichen Leidens. Das Freiwerden von allen uns selbst erschaffenen Begrenzungen. Hierfür stehen uns drei großartige Hilfsmittel zur Verfügung.

☆☆☆

Drei mögliche Werkzeuge zum Erwachen

Das erste Werkzeug:

Alle unsere Gedanken und Bewertungen liebend anzunehmen und durch uns hindurchfließen zu lassen. Allein die Annahme von Beurteilungen erhöht unsere Liebesfähigkeit um ein Vielfaches. „Ich sehe das, ich bewerte und liebe mich dennoch.“ Werden wir zu Beobachtern, stellen wir fest, dass wir unzählige Male am Tag Situationen oder Menschen negativ bewerten. Dieses Vorgehen kann unser Herz verschließen. Bleiben wir jedoch in der Zuschauerposition, bleibt unser Herz geöffnet. Schon das einfache Wahrnehmen, beispielsweise der Angst, nimmt ihr die Macht und die Beklemmung. Nehmen wir alle Anteile unserer Persönlichkeit liebend an, brauchen wir sie auch nicht mehr auf andere projizieren. Unsere Mitmenschen werden dadurch frei und können sich selbst mehr leben.

Das zweite Werkzeug:

Alles mit einem goldenen Mäntelchen der Liebe zu umhüllen. Egal, ob wir eine Situation, uns oder Menschen so annehmen können, wie sie ist beziehungsweise sind, lassen wir in und um alles herum Liebe fließen. Dazu sind einfache, innerlich gesprochene Worte ausreichend, das heißt, wir sagen: „Ich hülle diese Situation in Liebe ein, oder „Ich lasse in die Situation Liebe fließen“. Das Wort Liebe hat eine eigene, sehr hohe Schwingung. Dennoch wird es unstimmige Situationen in unserem Leben geben, der Unterschied liegt allein darin, anders damit umzugehen. Wir werden spüren, durch das goldene Mäntelchen der Liebe können wir in schwierigen Situationen in unserer eigenen Mitte bleiben beziehungsweise schneller wieder ins Gleichgewicht kommen. Die sogenannten negativen Gefühle verschwinden nicht aus unserem Leben, aber sie fließen schneller durch uns hindurch. Je öfter wir das Umhüllen der Liebe in unserem Alltag verankern, desto leichter wird es uns fallen, uns immer wieder daran zu erinnern.

Das dritte Werkzeug:

Legen wir alle unsere Gefühle, Wünsche und Vorstellungen in Gottes Hände. Dadurch beruhigt sich unser Geist zunehmend. Wir lassen tief in uns los und spüren, wie wir durch die göttliche Quelle so geführt werden, wie es unserer eigenen Wahrheit entspricht. Ist es für uns stimmiger, können wir alles der großen Mutter Göttin, Jesus, dem großen Ganzen übergeben, oder was der eigenen Wahrheit entspricht. Beginnen wir damit, negative Gedanken schon bei ihrer Entstehung, also im Vorfeld, an Gott zu übergeben, werden keine nachfolgenden unguten Handlungen daraus entstehen.

Zuerst ist immer ein Gedanke da, aus diesem Gedanken heraus entstehen unsere Gefühle. Jeder, der eigene Kinder hat, weiß, wie oft sie uns an unsere Grenzen bringen. Ist es wieder einmal so weit, denken wir vielleicht: Wenn sie oder er so weitermacht, flippe ich aus! Dieser Gedanke reicht schon, um kurze Zeit später tatsächlich auszurasten. Alle Eltern kennen die unguten Schuldgefühle, die danach folgen. Übergeben wir nun schon den bloßen Gedanken des Ausflippens an Gott, wird es in vielen Fällen gar nicht mehr zur Entladung kommen. Wir gehen dadurch innerlich auf Distanz und geben die Situation ab. Lieben wir uns nun noch dafür, kann sich die aufgeladene Situation schnell wieder entspannen.

☆☆☆

Versprechen abgeben auf höchster Ebene

Der schnellste und sanfteste Weg zum Erwachen ist und bleibt der der Liebe. Um göttliche Unterstützung zu erhalten, können wir auf höchster Ebene unser Versprechen abgeben. Wir sollten diese Übung aber nur dann durchführen, wenn es unser wirkliches Verlangen ist. Alles im Leben hat seine Zeit, und wir spüren, wann der richtige Zeitpunkt dafür da ist. Es ist ein sicherer Weg, um sanft zu erwachen, aber wir sind auch an unser Versprechen gebunden und brauchen tiefe Hingabe, Vertrauen und Geduld. Dennoch ist es die Ursehnsucht einer Menschenseele, wieder mit dem Göttlichen zu verschmelzen und das zu leben, was sie in Wirklichkeit ist. Die Seele gewinnt ihre ursprüngliche Stärke und Kraft zurück, wenn das verschlossene Herz vom heiligen Licht berührt wird. Sie beginnt zu erwachen, kann die Dualität überwinden und das Land des Leidens mehr und mehr verlassen.

Übung

Erschaffe dir eine wunderschöne, heilsame Atmosphäre, indem du dir einen Raum mit Kerzen herrichtest, schönen Dingen und vielleicht frischen Blumen. Wenn du es magst, dann lege dir eine ruhige Musik auf, die dich in eine höhere Schwingung versetzt. Sehr gut geeignet dafür ist die CD „God is Pure Love“, von Klaus Kämper. Vielleicht ist es hilfreich, sich Gott Mutter und Gott Vater als

Personen vorzustellen. Erlaube dir, kreativ zu sein und ein Bild in dir entstehen zu lassen, das deiner eigenen Wahrheit entspricht. Auch das ist Schöpferkraft. Sorge dafür, dass du in der nächsten Stunde nicht gestört wirst. Hast du die Möglichkeit, die Übung mit einem lieben Menschen durchzuführen, ist das ein schönes Geschenk.

Nun entspanne dich und lass alles los. Fülle den ganzen Raum mit weißem Licht auf und lass dich von dem Licht durchfluten. Deine Aura und deine Chakren werden sanft in dem weißen Licht gereinigt. Alles, was nicht zu dir gehört, darf nun in die Erde abfließen. Verbinde dich tief in Mutter Erde mit ihrer Liebe.

Bitte deinen Schutzengel zu dir und sieh, wie er dich liebevoll begrüßt. Stell dir vor, wie dein Engel dich an deinen Chakren in der Mitte deines Körpers entlang spiralförmig hinaufträgt. Deine Chakren reichen bis in den Himmel. Sieh dich als göttliche Verbindung zwischen der Erde und dem Himmel. Dein Schutzengel hat große, perlmuttschimmernde Flügel, die dich nun weit hinauftragen. Du siehst eine helle Lichtquelle auf dich zukommen. Solch eine Strahlkraft hast du noch nie zuvor gesehen. Angekommen in der Lichtquelle, wirst du sanft von deinem Schutzengel hin und hergewiegt. Tiefe Dankbarkeit und Liebe durchfluten dich, und du kannst vielleicht fühlen, dass du diese Liebe und das Licht selbst bist.

Nun hast du das Gefühl, als würde der Himmel sich

öffnen, und du stehst der göttlichen Mutter und dem göttlichen Vater gegenüber. Du kannst dir auch strahlend weiße Lichtgestalten vorstellen, vor die du nun trittst. Du siehst und fühlst ihre ewige, sich verströmende Liebe und auch ihre Freude über deine Entscheidung, nun wieder in dein wahres Sein zu finden. Viele Serafim bilden einen Kreis um dich herum und halten die hohe Energie aufrecht. Sie singen sanfte Melodien, die du auf der Erde noch nie gehört hast. Wenn du so weit bist, dann gib dein Versprechen mit deinen eigenen Worten ab. Lass dafür die Worte in dir entstehen, die deiner Wahrheit entsprechen, und sage sie mit Hingabe. Bitte auch um Unterstützung auf deinem Weg der Liebe. Gott Mutter und Gott Vater lieben dich so sehr und hüllen dich mit ihrer kraftvollen Energie ein. Sie segnen dich jetzt mit dem heiligen Licht der Liebe. Vielleicht nimmst du wahr, wie sich dein Herz öffnet und dein ganzes Sein von dem heiligen Funken durchflutet wird. Genieße diese heilsame Situation ausgiebig und lass dich davontragen. Du bist immer eingebunden im großen göttlichen Gefüge, aber in diesem Moment kannst du es vielleicht wahrhaftig fühlen. Du bist nicht nur der Körper, die Gedanken und die Gefühle, du bist „göttlicher Atem, Frieden, Stille und Licht“.

Siehe nun, was geschieht. Vielleicht beginnen Heerscharen von Engeln ein Lied anzustimmen. Vielleicht begegnest du Jesus, der dich mit der bedingungslosen Liebe segnet. Vielleicht bekommst du deine Flügel zurück und beginnst zu fliegen. Vielleicht bekommst du einen Schluck aus einem goldenen Krug mit göttlich geweihtem Wasser.

Alles ist möglich! Dieses ist dein erster Schritt zum Aufstieg ins Licht, und von nun an werden kraftvolle Helfer an deiner Seite stehen. Genieße diese wunderschöne Atmosphäre noch eine Weile, und wenn du das Gefühl hast, wieder auf die Erde zurückkehren zu wollen, dann bitte deinen Schutzengel, dich sanft hinabzubegleiten. Danke ihm für seine Hilfe und komme wieder ganz im Hier und Jetzt an.

Unseren Aufstieg ins Licht unterstützen wir kraftvoll, indem wir Affirmationen benutzen, die unserer eigenen Wahrheit entsprechen und für uns stimmig sind. Aus meiner Erfahrung weiß ich, dass ich etwas, was für mich nicht stimmt, immer wieder vergesse. Während ein Bekräftigungssatz, der mich im Innersten anspricht, von alleine in meinem Gedächtnis bleibt. Die folgenden Sätze sind Vorschläge, wie wir unsere Schwingung erhöhen können, und sie heben uns ein Stück weiter auf unserer Aufstiegsleiter empor.

Ich bin die göttliche Ordnung der reinen Liebe.
Ich bin ein Kind Gottes, Gott wirkt durch mich und ich durch Gott.
Gottes Wille geschieht durch mich.
Dein Wille geschehe.
Im bin Licht im Lichte Gottes.
Ich bin reiner Kanal des göttlichen Lichts und/oder der göttlichen Liebe.
Ich bin Liebe und Licht.
Ich bin im Licht.
Ich liebe mich.

Die Wichtigkeit, sich zu erden

Gehen wir, wie in der oben genannten Meditation, sehr weit hinauf in hohe, göttliche Bereiche, kann es schon mal schwierig werden, wieder ganz in den eigenen Körper zurückzukommen. Manche Menschen (besonders inkarnierte Engel und Elementarwesen) neigen dazu, regelrecht abzuschweben. Wir fühlen uns nach Meditationen und Energieübungen wie in einer Art Trance, stehen häufig neben uns und sind nicht mehr richtig im Körper verankert. Teile unseres Seins kehren tatsächlich hierbei häufig nicht mehr ganz zurück. Schwingen wir zu hoch, verlieren wir den Kontakt zur Erde und dem Alltag. Hohe Schwingungen können uns in feinstoffliche Ebenen entführen, aber auch unser Weltbild ziemlich verrücken lassen. Dies kann so weit gehen, dass wir uns entrückt in Tagträumen verlieren und es immer kraftaufwändiger wird, den Alltag zu bewältigen. Unsere ganze Energie wie auch unsere Atmung befinden sich dann überwiegend in den oberen Chakren. Wir fühlen uns wie unter Strom, können keinen klaren Gedanken fassen und kommen innerlich kaum zur Ruhe. Körperlich sind nicht geerdete Menschen kränklich, neigen zu Gleichgewichtsproblemen und Schwindelzuständen. Ihnen fehlen die Bodenhaftung, die Anbindung und der Kontakt zu Mutter Erde. Sie empfinden das irdische Dasein als freudlos, anstrengend, und flüchten deswegen gerne in himmlische Bereiche. Durch diese Belastung kann es zu Verspannungen in den Schultern und im Nacken kommen. Hierbei ist es wichtig, sich bewusst zu machen, dass man die irdische

Realität selbst gewählt hat, um sich in der Dualität zu erfahren und weiterzuentwickeln. Aus kosmischer Sicht sind wir ohnehin nur für eine kurze Zeitspanne hier und halten uns noch sehr lange in himmlischen Sphären auf.

Das Ziel der Erdung ist, mit den Füßen fest in der Erde verwurzelt zu sein und dennoch den göttlichen Anteil in uns ganz anzuerkennen, zu achten und zu leben. Durch Erdung kommen wir innerlich zur Ruhe, sind im Alltag präsenter und leben mehr im Jetzt. Ebenso sind wir innerlich stabiler und werden nicht mehr so sehr von den eigenen Emotionen beherrscht. Aus eigener Erfahrung kann ich sagen, dass das Leben auf der Erde viel mehr Freude bereitet, wenn wir geerdet und im Körper verankert sind. In den höheren Ebenen schwingt auch immer die „Sehnsucht nach Hause" mit, was uns häufig unglücklich sein lässt. Aus den Augen eines Engels gesehen, kommen uns die Kälte und die Lieblosigkeit unter den Menschen häufig ungefiltert mit ganzer Wucht entgegen. Hierdurch flüchten wir wieder in die Engelwelten, und es kann schnell ein Kreislauf daraus entstehen.

Sind die geistigen und irdischen Aspekte im Einklang, können wir in höhere geistige Ebenen eintauchen, ohne uns darin zu verlieren. Wir dürfen uns erlauben, unsere Spiritualität in einem menschlichen Körper zu leben und gleichzeitig die irdischen Dinge in der Materie zu genießen und zu lieben.

Sich tief sinken zu lassen in den unteren Bereichen unseres Körpers fühlt sich an wie:

Sich zu Hause wissen, die eigene Mitte erspüren,
Frieden schließen mit dem Leben,
einfach zu sein, ohne Wenn und Aber,
Geschehen lassen, sich einlassen
und Vertrauen finden zu allem, was geschieht.

Hier komme ich mit mir in Kontakt. In der Tiefe meines Körpers fallen Sorgen, Ängste und Gedanken weg. Hierher kann ich immer wieder zurückkehren, mich für eine Zeit lang ausruhen und zurückziehen. An diesem Ort, verbunden mit der Kraft der Mutter Erde, erhalte ich zusätzliche Energie für die Anforderungen des Lebens. Ich kann mich verankern, um mein Leben in seiner Ganzheit zu meistern und mit Lust das Leben in der Materie zu verwirklichen.

Ein tiefes Ankommen im Körper entsteht auch in mir mit dem allseits bekanntem Satz: „Nicht mein Wille, sondern dein Wille geschehe." Dieser Satz ist für mich wie „zu Hause sein in Gott". Gottes Wille geschehe, und darin darf ich sein, kann mich so sein lassen, wie ich bin, und mit allem, was ich bin. Ich darf aufhören zu kämpfen, darf mich tragen lassen von einer liebenden Kraft, die immer weiß, was für mich richtig ist. Visuell sehe ich hierbei eine überdimensional große Hand, die meinen Rücken stützt, mich hält und sanft führt.

Besonders für Menschen, die hohen Idealen folgen, kann die Erkenntnis „Alles ist vorbestimmt" zu tiefem Loslassen führen. Übersteigerte Ideale bringen unsere innere Balance schnell aus dem Gleichgewicht und verlangen viel von uns ab. Sie führen häufig in die Ohnmacht und in die Enttäuschung, und wir haben das Gefühl, nie fertig zu werden. Wir gönnen uns keine Pausen, um „wirklich in sich zu Hause zu sein". Wir wollen wachsen und wachsen, suchen immer weiter und bemerken gar nicht, dass wir schon längst angekommen sind. Hier kann es helfen, sich zu sagen: „Ich bin ein Kind Gottes, die göttliche Ordnung wirkt durch mich, und das genügt!" Wir dürfen einfach Mensch sein!

Aufgehoben im Sein, umhüllt von Liebe.

Für mich hat die „Hingabe an Gott" sehr viel mit dem Vertrauen in die eigene Kraft, in den Körper und auch mit Erdung zu tun. Spirituell gesehen werden wir ohnehin geführt. Nur um das Leben in einem irdischen Körper mit Freude leben zu können, brauchen wir eine stabile Verbundenheit zur Erde. Denn die wirkliche Kraft kommt aus der Erde. Wenn wir dazu neigen, in obere Bereiche abzudriften, kann es hilfreich sein, die folgende kurze Übung mehrmals am Tag durchzuführen. Über das allgemeine Erden ist meiner Meinung nach schon genug geschrieben worden (Wurzeln wachsen lassen usw.). Aus diesem Grund möchte ich hier nur meine eigene Art, sich zu erden, vorstellen. Diese einfache Übung ist fast überall und schnell durchführbar.

Übung

Um ganz ausatmen zu können, ist es erst einmal wichtig, richtig tief einzuatmen. Beim Ausatmen lassen wir uns, von den Schultern ausgehend, ganz weit nach unten, bis zu dem unteren Beckenbereich sinken. Mit jedem weiteren Ausatmen geben wir jegliche Kontrolle ab und vertrauen der Haltekraft des Körpers und Mutter Erde. Es fühlt sich an, als wenn die Seele immer tiefer in unseren Körper hineinsinkt. Das Loslassen geschieht jeweils mit dem Ausatmen. Die Atmung wird automatisch tiefer und länger, vielleicht kommt auch ein Seufzen hinzu. Wir spüren die Wohligkeit und die Geborgenheit unseres Körpers, die in der Tiefe zu finden ist. Dieses unendliche Vertrauen, gehalten und getragen zu werden, kann uns nur unser eigener Körper schenken. Führen wir diese Übung so lange durch, bis wir wirklich ganz hier sind. Bis wir alle Anspannung abgegeben, alles losgelassen haben, die Gedanken zur Ruhe kommen und Gelassenheit geschieht.

Dieser wunderbare Körper hat meine Seele
aufgenommen,
er hat sie in Liebe empfangen,
um ihr Herberge zu sein und sie behutsam zu tragen.

☆☆☆☆☆

Teil 2

Die Zauberwelt des Elfen- und Feenreichs

Die Welt der Elfen und Feen ist wahrlich eine sehr zauberhafte. Man spürt die mit menschlichen Worten schwer zu beschreibende Energie des miteinander Einseins, des Friedens, der Leichtigkeit und der göttlichen Liebe.

In der Elfen und Feenwelt gibt es unterschiedliche Entwicklungsstufen. Es gibt die Welt der ganz kleinen, der jungen und der höher entwickelten Elfen. Die kleinen Elfen leben in einer eigenen Ebene und werden von Elfenamazonen behütet und beschützt. Sie sitzen im Kreis im Freien in weißen Glitzergewändern und bekommen Unterricht. Sie wissen von Anfang an um ihre späteren Aufgaben und werden individuell vorbereitet. Alle Elfen, gleich welchen Alters, erfahren dieselbe Achtung sowie denselben Respekt wie höher entwickelte Elfen. Es gibt keine Bewertung der Entwicklungsstufe oder Bevormundung, und es ist eine tiefe Liebe im Umgang mit ihnen spürbar.

Blumenelfen haben wunderschöne bunte Glitzerkleidchen an und fliegen mit großer Freude von Blume zu Blume, um sie zu pflegen und in ihrem Wachstum zu unterstützen. Sie lieben alles in der Natur. Es gibt im Elfenreich sehr viele Blumen und Pflanzen, die in traumhaft schönen Farben blühen. Alles ist sehr bunt, und man fühlt sich von der Energie der Fülle und Leichtigkeit regelrecht verzaubert. Am liebsten möchte man gleich dableiben. Überall sind fröhliche Elfen und Feen zu sehen, die gerne an Bachläufen und Flüssen sitzen und den Wassernixen zusehen. Häufig ist ein leises, helles Kichern zu hören.

Dann gibt es die höher entwickelten Elfen, sie leben in den Kristallwelten. Dort ist alles hell und licht. Es ist die höchste Form der göttlichen Liebe zu allem spürbar. Sie arbeiten und heilen mit Kristallen in ihren Handchakren. Es gibt glitzernde und in allen Farben funkelnde Kristallschlösser und Heilungstempel. Wenn ein Mensch schläft, wird er mit hinaufgenommen und in den Heilungstempeln behandelt. Die Lichtwesen dort wirken durch ihre fürstliche Aufmachung und ihrem Wandeln auf dem Teppich der Liebe schon fast ein wenig außerirdisch.

Höher entwickelte Tiere wie Einhörner, Delfine, Wale und Drachen leben ebenso in dieser Ebene. In der Kristallwelt wird viel gesungen, gelacht und mit Kristallen gearbeitet, um die reinen, hohen Energien zu bewahren. Hier werden Elfenamazonen vorbereitet, sie sind LichtkriegerInnen für die Erde und die Menschen. Sie besitzen viel Durchsetzungsvermögen und Standhaftigkeit, um für ihre Wahrheit einzutreten. Elfenamazonen stellen sich uns gerne in den Weg, um den höchsten Idealen zu folgen. Es werden nur ganz mutige, starke und hoch entwickelte Elfen ausgewählt, um als Mensch auf der Erde inkarniert zu werden. In der Inkarnation sind sie häufig umgeben von Elfen, Feen und Engeln. Arbeiten sie zum Wohle der Menschheit und der Natur, werden sie von weißen, sehr lichtvollen Einhörnern unterstützt, die ihnen Klarheit und Reinheit schenken. Sie bekommen sehr viel Bewunderung und Hilfe aus ihren Reichen, damit sie ihre Aufgabe auf der Erde erkennen und erfüllen können. Heilsame Strahlen der Liebe, der Leichtigkeit und der Kraft durchfluten sie immer wieder.

☆☆☆☆☆

Werdet zu Lichtboten für die Neue Zeit

In der Geistigen Welt wird unermüdlich daran gearbeitet, aus diesem Planeten einen Glücksplaneten zu machen. Dennoch geht es nicht ganz ohne die Hilfe der Menschen. Für euch wird es immer wichtiger, auf die eigene Wahrheit zu hören. Fühlt ihr euch mehr mit der Natur und der Tierwelt verbunden, seid ihr vielleicht ein Naturengel aus dem Elfen- und Feenreich. Gebt euch dann die Erlaubnis, etwas für die Natur zu tun, in welcher Form auch immer. Und sei es, dass ihr die Natur und ihre Wesen mit den Augen der Freude und der Liebe anseht. Unterschätzt es nicht! Jeder gefühlte Moment der Liebe wird gesehen und ist im Universum von großem Wert.

Die Erde befindet sich in einem Aufstiegsprozess, und die Geistige Welt sammelt alle ihre Kräfte, um euch zu helfen. Es gibt schon sehr viele Lichtboten unter euch, die großartige und wertvolle Arbeit leisten für die Menschen, für die Erde und alles, was auf ihr lebt. Alle Lebewesen der Erde sind wichtig, jede Pflanze, jeder Baum, jeder Grashalm und jeder Stein. Nichts ist weniger, nichts ist mehr. In allem Sein ist göttliche Liebe. Auch die Erde selbst ist ein lebendiges, kraftvolles Wesen göttlichen Ursprungs im großen Universum. Beachtet die Erde. Schenkt ihr eure Liebe. Sie trägt euch, nährt euch und verschenkt sich mit ihrer ganzen Fülle und Schönheit.

In der Natur sind viele Lichtwesen, um alles im Gleichgewicht zu halten. Manche Menschen können ihre Energie wahrnehmen, manche können sie sehen. Auch wenn ihr sie nicht sehen könnt, sind sie trotzdem da. Sie sind sehr fleißig und tun alles aus Liebe. Ihr könnt es euch vorstellen wie fleißige Bienen oder Ameisen. Es ist so einfach, wenn ihr die Natur mit liebevollem Herzen betrachtet. Seid ihr in der Liebe mit der Natur, werdet ihr auch achtsamer sein.

Legt euch einmal an einen ungestörten Platz in der Natur, vielleicht auf einer Wiese, vielleicht an einen Platz, an dem ihr sowieso schon gerne seid. Öffnet im Geiste euer Herz mit Hilfe der Vorstellungskraft für die göttliche Liebe. Atmet ein paar Mal tief ein und aus und verbindet euch dann mit der Liebe von Mutter Erde (Lady Gaia) und ihrem Energiefeld. Lasst diese kraftvolle Energie ganz in euch aufsteigen, euch ganz erfüllen. Es ist eine Energie, die euch die Tatkraft verleihen kann, Dinge in eurem Leben anzupacken und zu verwirklichen. Verbindet ihr euch mit diesem Kraftfeld, wird es euch leichter fallen, Entscheidungen zu treffen und zu handeln.

Es werden sich in eurem Alltag viele Probleme auflösen, wenn ihr euch immer wieder mit der Liebe in eurem Herzen verbindet. In jedem Menschen steckt auch ein Anteil eines Engels. Schenkt ihr diesem Teil mehr Beachtung, aktiviert ihr ihn dadurch, und es werden sich mehr Frieden, Güte und Liebe ausbreiten. Liebt und beachtet den engelhaften Teil, und er wird immer kraftvoller. Es ist alles eine Sache des reinen Bewusstseins, eine Sache, aus welchem Blickwinkel ihr euch betrachtet. Spürt einmal den engelhaften Teil in euch, den Teil, der hilfsbereit ist, der gütig und barmherzig ist, der das Schöne und Vollkommene sieht. Vieles, was ihr im Alltag tut, ist wahrlich engelhaft. Wie oft in eurem Leben wurdet ihr von anderen schon „Engel" genannt?

Geht oft hinaus in die Natur. Die Natur ist sehr klar und reinigend und lädt euch mit positiver Energie auf. Spürt einmal ganz bewusst die klärende Kraft des Windes und des Wassers. Verbindet euch mit der Energie einer Blume, atmet den Duft tief ein. Fühlt die Kraft und die Stärke eines Baums. Öffnet immer zuerst euer Herz für die Liebe und dann für das Wesen, das in jeder Pflanze, in jedem Baum und in jedem Stein lebt. Vielleicht könnt ihr die Energie der Elfen und Feen spüren. Ihre Energien sind sanft, leicht und sehr fröhlich. Sie freuen sich, bekommen Kraft, wenn sie Beachtung finden, und sie schicken euch kleine bunte Glitzerstrahlen. Ihr Zauber pflanzt einen Lichtfunken der Freude und Leichtigkeit in das Herz der Menschen. Legt ihr euch auf eine Wiese, könnt ihr die Elfen und Feen bitten, eure Aura zu reinigen. Oder bittet die Wurzelwesen eines Baums, Organe im Körper zu heilen, mit denen ihr Probleme habt. Elfen, Feen, Kobolde, Zwerge, Baumdevas und andere Naturwesen sind die Engel der Erde und der Natur. Begegnet ihr ihnen mit Liebe und Achtsamkeit, dienen sie auch Menschen sehr gerne. Die Natur ist so reich an Schönheit, und sie stellt euch ihre Heilkraft gerne zur Verfügung. Tretet ein die wundersame Welt der Naturgeister, und innerer Frieden und Heilung können sich einstellen.

☆☆☆☆☆

Heilreise ins Land der Elfen und Feen

Schaffe dir einen geschützten Raum, in dem du für eine Zeit ungestört bist. Wunderschön ist es, diese Heilreise auch in der Natur durchzuführen. Wenn kleine Elfen deine Offenheit spüren, werden sie umgehend freudig an deine Seite kommen. Es ist auch nicht so wichtig, den Text bis ins kleinste Detail zu kennen, denn die eigenen positiven Bilder und Empfindungen sind immer die heilsamsten. Des Weiteren ist es möglich, den Text abschnittsweise zu lesen, die Augen zu schließen und sich für die inneren Wahrnehmungen zu öffnen. Stellt sich eine erhöhte Schwingung ein, die wir als Freude und Glücksgefühl empfinden, sind wir schon mitten im Königreich der elfenhaften Leichtigkeit. Da es uns an Leichtigkeit heute häufig mangelt, bewirkt dies schon eine gewisse Heilung.

Atme nun ein paar Mal tief durch und entspanne dich. Lass alle Anspannung des Tages abfließen. Bitte deine persönliche Heilelfe zu dir, um dich mitzunehmen in ihr Land. Wenn möglich, stell dir vor, wie sie zu dir kommt und sich dir zeigt. Es müssen nicht unbedingt Bilder sein, alle Wahrnehmungen wie Gefühle, Farben oder Empfindungen sind genauso effektiv. Es geht immer um Energie, um positive Schwingungen. Vertraue darauf, dass deine persönliche Heilelfe auf jeden Fall kommt, wenn du sie rufst.

Sie nimmt dich nun an die Hand und führt dich zu einem goldenen Tor, hinter dem das Reich der Elfen und

Feen beginnt. Du gehst mit ihr zusammen hindurch und stellst erstaunt fest, dass du zu einer Elfenkönigin oder einem Elfenkönig geworden bist. Du hast ein glitzerndes, in allen Farben leuchtendes Gewand an. Deine Haare wehen im warmen Wind. Es ist nicht zu kalt und nicht zu warm, es ist genau die Temperatur, in der du dich wohlfühlst. Alle Erdenschwere, alle Sorgen und Schmerzen fallen von dir ab. Vor allem aber spürst du, wie sehr du hier willkommen bist. Hier wirst du als das gesehen, was du in Wirklichkeit bist: ein göttliches, lichtvolles Wesen. Jeder Bewohner dieses Reiches weiß das, liebt und achtet dich so, wie du bist. Vielleicht kannst du es fühlen: Ich bin richtig! Ich bin vollkommen! Ich bin in Ordnung!

Sieh dich nun erst einmal um. Kannst du die wunderschöne Blumenwiese, auf der du dich befindest, wahrnehmen? Hier blühen Blumen in Farben, die du in dieser Intensität und Leuchtkraft noch nie gesehen hast. Du siehst jetzt auch viele andere Naturwesen, einige lächeln dir zu, andere gehen geschäftig ihrer Arbeit nach. Du weißt, du bist nicht allein.

Der Windgeist singt für dich ein Lied, er hat schon viel gesehen und gehört. Er erzählt dir Geschichten, wenn du gerade aufmerksam bist. Höre, was er zu dir zu sagen hat:

Ich sehe, wer du wirklich bist,
nichts lässt sich vor mir verbergen.

Ich durchforste deine Aura nach dunklen Stellen,
löse sie, zerstreue sie und mache dich frei.
Alles, was Ballast ist, trage ich von dir fort.

Ich summe ein sanftes Lied und
flüstere dir süße Melodien ins Ohr.
Ich trockne deine Tränen und
streichle deine Wangen.

Der Wind reinigt nun deine Aura, er befreit dich von allem, was dich noch beengt. Er ordnet deine Gedanken und schenkt dir die Klarheit, die du für deine Heilarbeit benötigst.

Nun siehst du kleine, sehr helle Lichtpunkte durch die Luft schwirren. Du hast das Bedürfnis, dich in die Blumenwiese zu legen und dich von Mutter Erde tragen zu lassen. Sie hält dich, sie liebt dich und ist jetzt nur für dich da. Gib dir die Erlaubnis, dich voller Vertrauen auf ihr niederzulassen.

Entspanne dich und stell dir vor, wie du die Lichtpunkte tief in deine Lungen einatmest. Innerhalb deines Körpers nehmen sie eine leuchtend grüne Farbe an. Du siehst mit deinen inneren Augen, wie deine Lungenflügel sich mit der grünen Heilenergie füllen. Du atmest tiefer und deine Lungen geben die Lichtpunkte an dein Blut weiter, dadurch werden alle deine Organe mit der Heilkraft durchströmt. Außerdem nimmst du vielleicht wahr, wie deine persönliche Heilelfe dich ganz in ihre Liebe einhüllt.

Gibt es ein Organ in deinem Körper, welches eine besondere Behandlung braucht, so widme dich ihm jetzt mit deiner Aufmerksamkeit. Hole dieses Organ in dein Bewusstsein und stell dir vor, wie gebündelte Heilenergie das Organ (Blut, Zellen, Knochen usw.) durchdringt. Die grüne Heilkraft sieht aus wie ein Laserstrahl, der sich in dem zu behandelnden Organ ausbreitet, sodass die Zellen beginnen, in hellem Grün zu leuchten. Der Laserstrahl ist gebündelte göttliche Heilkraft. Umhülle das Organ am Schluss mit der rosa Farbe der Liebe, als Zeichen deiner Anerkennung für die geleistete Arbeit in deinem Körper.

Vielleicht magst du dich noch einen Moment ausruhen, aber du merkst auch, dass deine Heilarbeit noch nicht ganz beendet ist. Neugierig setzt du dich auf und bist gespannt, was dich noch erwartet. Es ist schon viel Ballast von dir abgefallen, und du fühlst dich schon um einiges leichter.

Erstaunt stellst du fest, dass sich an deinem Rücken zwischen deinen Schulterblättern filigrane Flügel befinden. Du erhebst dich ganz leicht in die Lüfte und vertraust darauf, dass dein Windfreund dich wie auf Händen trägt. Unter dir siehst du Berge und Täler, Flüsse und Wälder. Fühle dich so frei wie ein Vogel und spüre die Gottesnähe. In weiter Ferne siehst du etwas glitzern, du näherst dich ihm und erblickst einen kristallklaren Bergsee. Der See leuchtet in der Sonne, tausendfache silberne Lichtfunken blitzen auf und ab. Hier möchtest du verweilen, und du spürst, dass dieser See ebenfalls Heilkraft für dich bereithält.

Irgendwann kannst du es gar nicht mehr erwarten, in dem See zu baden. Du gehst langsam hinein und stellst mit Erstaunen fest, wie angenehm warm das Wasser ist. Ganz aufgeregt schwimmst du hin und her. Du entschließt dich sogar zu tauchen, unter Wasser siehst du eine atemberaubende eigene Welt mit bunten Fischen und Pflanzen. Du bemerkst, dass du nicht einmal Atem holen musst, es fühlt sich an, als wäre genug Sauerstoff in deinen Zellen. Das Wasser löst alle Blockaden auf und wäscht dich frei von jeglichem Seelenmüll. Es reinigt dich von außen und von innen. Du bist ganz erfüllt von den bunten Farben der Fische, tausende schwimmen um dich herum und schicken über deine Augen farbige Heilenergie in deinen Körper. Alles, was noch nicht heil ist, kann jetzt heilen. Lass dir dafür ausreichend Zeit, damit deine Helfer ihre Arbeit vollenden können.

Nun siehst du drei Wassernixen auf dich zukommen, sie schwimmen mit dir im Einklang, und auch hier nimmst du wieder die unendliche Liebe der Naturwesen wahr. Du hast sehr viele Freunde im Elfen- und Feenreich. Die Wassernixen hüllen dich ein in einen Mantel aus Schutz und Liebe. Sie weben ihn um dich herum, es entsteht dabei ein zartes Muster. Am Schluss aktivieren sie noch die rosafarbene Flamme der Liebeskraft in deinem Herzen.

Mit einem Handkuss verabschieden sie sich nun von dir, und du bedankst dich bei ihnen und den Fischen für ihre Arbeit. In deiner Zeit tauchst du langsam wieder auf, gehst ganz erfüllt ans Ufer und lässt dich von der Sonne trocknen. Vielleicht kannst du nun fühlen, wie alles rund ist in dir, wie du ganz bei dir bist, friedvoll und voller Dankbarkeit für die Zuwendung, die du erhalten hast. Deine persönliche Heilelfe sitzt neben dir und sagt dir, dass sie sich sehr freut, wenn du dich wieder einmal entschließt, sie in ihr Land zu begleiten. Auch wenn es dir ein wenig schwer fällt, erhebst du dich, und deine Heilelfe begleitet dich zurück zu dem goldenen Tor. Du schreitest hindurch, schenkst deiner Elfe noch einmal einen liebevollen Blick und kommst langsam wieder an dem Ort an, von dem du gekommen bist.

Bewege nun deinen Körper und komme ganz ins Hier und Jetzt zurück. Nun ist die Welt der wunderbaren Naturwesen in dir aktiviert, du hast sie mit erschaffen und kannst dich jederzeit zu dem goldenen Tor begeben und um Einlass bitten.

☆☆☆☆☆

Die Fülle der Erde

Seht, welche Fülle euch Mutter Erde schenkt. Wie sehr sie ihre Bewohner liebt. Ist es euch wirklich bewusst, in welcher reichhaltigen Vielfalt ihr lebt? Seid ihr euch im Klaren darüber, zu welch unermesslicher Schönheit die Erde fähig ist? Welche wundervollen Gaben die Große Mutter für euch bereithält? Was mit dem heutigen Wissen alles auf der Erde gedeihen kann? Betrachtet ihr euch einmal die gesamte Erde und nicht nur euer kleines Umfeld, werdet ihr verstehen, was ich meine. Sie schenkt euch nicht nur Nahrung, sie schenkt euch auch das Leben und Halt. Nur durch sie habt ihr die Möglichkeit, euch als Mensch zu erfahren.

Manche unter euch Lichtboten glauben, dass die Erde leidet, dass die Große Mutter sich mit den Naturkatastrophen an den Menschen rächen will. Dieses Denken ist irdisch und ein Ausdruck von niederen Schwingungsebenen. Damit werdet ihr, die ihr euch mit der Erde sehr verbunden fühlt, in der Traurigkeit und Ohnmacht gehalten. Schenkt dem keinen Glauben. Es liegt dem Wesen der Erde fern, sich für die Umweltzerstörungen zu rächen. Wie könnte die Erde sich rächen wollen, sie ist doch selbst ein liebendes, göttliches Wesen. Die Göttin, Gott oder die Engel leiden ja auch nicht, wenn ihr Menschen durch euren Lernprozess geht. Mutter Erde liebt ihre Kinder bedingungslos, und nichts kann diese Liebe schmälern.

Sie ist bereit, alle ihre Kinder zu ernähren, für sie zu sorgen und sie zu tragen. Selbst inkarnierte Naturengel glauben, sie müssten die Erde heilen und ihr Licht schicken. Die Erde ist heil und ganz, wie alles im großen Gefüge. Erwacht, ihr geliebten Wesen. Ihr würdet ja auch nicht den göttlichen Ebenen Licht schicken wollen. Es ist an der Zeit, mit dem begrenzten Denken aufzuhören. Bleibt bei euch in der Liebe und im Mitgefühl zu allem Sein, lasst in alle eure Handlungen Liebe einfließen, und ihr leistet Großes für die Erde. Lebt eure Freude, dies ist ein großes Geschenk an Mutter Erde.

Für das Leben auf der Erde ist es allerdings vonnöten, sorgsamer mit der Natur umzugehen und gesunde Nahrungsmittel anzubauen. Lebensmittel, die durch die Kraft der Elemente beseelt, in einem fruchtbaren Boden wachsen können. In der Neuen Zeit braucht der Körper leichte Nahrung, die hochwertige Licht- und Farbschwingungen aus der Erde und der Sonne enthält. Ebenso braucht euer zunehmend lichtvoll werdender Körper Schwingungen, die durch einen gesunden Anbau und die liebevolle Pflege der Pflanzen, einschließlich der Elementarwesen, gewährleistet sind.

☆☆☆☆☆

Die Kraft der Elemente

Verbinden wir uns mit den Elementen Feuer, Erde, Wasser und Luft, können wir wundervolle Erfahrungen machen und schöne spirituelle Erlebnisse in der Natur haben. Dabei geht es immer wieder darum, achtsam zu sein und alle Aktivitäten sein zu lassen. Nehmen wir eine liebevolle Haltung gegenüber den Elementen und den Elementarwesen der Natur ein, schenken sie uns Kraft und Wohlbefinden.

Die Elementare des Wassers gleichen unsere weiblichen und männlichen Energien aus. Sie können uns Klarheit, Ruhe und Flexibilität geben. Außerdem können sie das Gefühl in uns wecken, mit dem Leben zu fließen und zu tanzen. Das Wasser reinigt uns von außen und von innen. In der lebendigen Kraft des Wassers können ganz leicht negative Energien abfließen. Wir fühlen uns nach einem Bad geklärt und wieder mehr in unserer Mitte. Der Grund, warum so viele Menschen das Meer so lieben, liegt wahrscheinlich darin, dass am Meer alle vier Elemente gleichzeitig wirken. Wir fühlen uns in der Nähe des Wassers gestärkt, geklärt und kommen ins Gleichgewicht.

Hierzu möchte ich dich zu folgender Übung einladen. Spüre einmal ganz bewusst deinen Körper, wenn du im angenehm warmen Wasser stehst, beispielsweise am Meer oder in einem See. Atme einige Male tief ein und aus und lass alles, was dich beschäftigt, los. Um dich si-

cher zu fühlen, solltest du noch Boden unter den Füßen haben. Schließe die Augen und gehe mit deiner Aufmerksamkeit in deinen Körper, in deine Arme und Beine. Wie fühlt es sich an? Spürst du, dass es eigentlich keine Trennung zwischen dem Wasser und deiner Hautoberfläche gibt, dass im Wasser jegliches Gefühl der Trennung aufgehoben ist? Wenn du möchtest, spiele mit dem Gedanken, dein Bewusstsein weit über deine Körperoberfläche auszudehnen. Dich ganz weit werden zu lassen. Dadurch hast du die Möglichkeit, Teil des Meeres oder des Sees zu werden. Wie ein Fisch, der auch nichts von einem „Ich" weiß. Ein Fisch fühlt sich mit allem verbunden. Wir haben oft Probleme damit, das Gefühl des Verbundenseins in unserem menschlichen Körper zu spüren. Im Wasser haben wir dazu die Gelegenheit, wenn wir alle Aktivitäten einstellen und uns fühlen.

Lässt du dich ganz entspannt von den Wellen wiegen und tragen, kannst du die innige Verbindung mit dem Element Wasser spüren und dich wie einst in dem Bauch deiner Mutter fühlen. Ungeborene kennen auch nicht das Gefühl der Trennung.

Wir spüren die Kräfte der Elemente, wenn wir mit all unseren Sinnen in der Natur sind. Wenn wir unsere Gedanken des Alltag loslassen und uns dafür öffnen, was uns an Schönheit umgibt. Wer schon einmal bei starkem Wind an der Nordsee war, weiß um die erneuernde Kraft und die Klarheit der Luftwesen. Die Luft reinigt unsere Atemwege, die Zellen und den Energiekörper. Des Weiteren gibt uns das Element Luft Freiheit, Leichtigkeit und neue Ideen.

Die Erde gibt uns die Kraft der Verwirklichung und die Tatkraft dazu. Sie verleiht uns Stabilität, Festigkeit und Vertrauen in uns selbst. Sie stärkt unsere weiblichen Seiten und gibt uns Geborgenheit. Die Feuerelementare transformieren Gefühle und Gedanken. Es liegt in der Natur des Feuers, Energien umzuwandeln, sie bringen uns Licht, Wärme und Leidenschaft.

☆☆☆☆☆

Der uralte Olivenbaum

Im Urlaub auf der wundervollen griechischen Insel Korfu konnte ich immer wieder in die Präsenz des Augenblicks eintauchen. Einfach nur da zu sein, ohne etwas tun zu müssen. Was in unserem hektischen Alltag manchmal schwerfällt, schien mir an dem Ort, wo scheinbar die Zeit ein wenig stillsteht, viel leichter zu sein. Ihr Übriges tat die wunderschöne Natur. Das Wasser, der Wind, die Sonne, das Land und die zauberhaften alten Olivenbäume. Betritt man das erste Mal einen Olivenhain, hat man das Gefühl, mitten unter alten weisen Frauen und Männern zu stehen.

In der Stille entstand eine tiefe Verbindung zu einem schönen, knorrigen, alten Baum. Seine Wurzeln außerhalb der Erde waren wie ein Sessel geformt. Sie luden regelrecht dazu ein, mich darin niederzulassen, mich geborgen und gehalten zu fühlen. Kaum machte ich es mir gemütlich unter dem Baum, wurde mein Körper schon unendlich schwer. Sofort war die tiefe Verwurzelung mit der Erde spürbar. Ich fühlte mich nicht nur mit dem Baum verbunden, sondern mit der ganzen Insel. Es entstand eine Stimmung des heilsamen Daseins, des Friedens, das Gefühl, unendlich viel Zeit zu haben und die Gewissheit, mit Allem-was-ist verbunden zu sein. Im stillen Gewahrsein mit dem Baum und der Erde konnte sich die Liebe an diesem wundervollen Ort unendlich weit ausdehnen. Es war auch das tiefe Vertrauen der Bäume zu den Menschen der

Insel spürbar. Menschen, die ohne allzu großen Luxus mit und von der Natur leben.

Begegnen wir einem Baumwesen in stiller Absichtslosigkeit, können wir Botschaften von ihm empfangen. Wir haben manchmal sogar das Gefühl, als würde der Baum in klaren Worten zu uns sprechen: „Die Menschen hier sind einfach und gut, wir sind ein Teil von ihnen, und sie sind uns wohlgesonnen. Wir nähren und geben den Menschen unsere Früchte gerne. In jedem von uns lebt ein einzelnes Wesen, und dennoch sind wir alle miteinander verbunden. Geht es einem Baum auf der Insel nicht gut, merken wir es alle."

☆☆☆☆☆

Bist du ein Elementarwesen aus dem Elfen- und Feenreich?

Elementarwesen sind die Engel der Natur und der Tiere. Hierzu gehören Elfen, Feen, Kobolde, Gnome, Meerjungfrauen, Delfine und viele andere Wesen. Es gibt eine kaum überschaubare Vielfalt an Naturgeistern. Alles in der Natur ist beseelt. In jedem Blümchen und Wassertröpfchen sind Elementarwesen vorhanden. Den vier Elementen Feuer, Erde, Wasser und Luft werden unzählige Bezeichnungen von Naturwesen zugeordnet. Hier alle zu nennen, würde den Rahmen dieses Buches sprengen. Viele Elementarwesen haben beschlossen, sich in menschlichen Körpern zu inkarnieren, um mehr Mitspracherecht und Einfluss im Umwelt- und Tierschutz zu haben. Als ätherische Wesen konnten sie zu wenig bewirken. Um ehrlich zu sein, sind sie stinksauer, wie die Menschen der Erde, der Natur und den Tieren zusetzen.

Es leben schon sehr viele inkarnierte Elementarwesen unter uns. Wir erkennen sie zumeist an ihrem Äußeren. Sie sehen häufig aus wie ein vergrößerte Version ihrer Artgenossen. Elfen und Feen haben oft schlanke, manchmal sogar dünne Körper. Viele haben rötliche oder helle Haare und Sommersprossen. Im fortgeschrittenen Alter zeigen sich die äußeren Merkmale noch deutlicher. So sehen manche Menschen wirklich aus wie Kobolde oder Waldgeister. Aber auch ganz jungen Kindern sieht man ihr elfenhaftes Wesen an.

Zum Erwachen in der eigenen Essenz gehört auch, sich zu erkennen. Wer bin ich, und wo komme ich her? Für das Wesen einer Elfe oder Fee können andere Regeln gelten, als zum Beispiel für einen inkarnierten Engel oder Weisen. Heutzutage ist es üblich, alle Menschen über einen Kamm zu scheren. Alle Menschen müssen gleich funktionieren. Niemand darf „anders" sein oder andere Bedürfnisse haben. Bei unseren Haustieren respektieren wir die Andersartigkeit und die unterschiedliche Bedürftigkeit. Wir wissen, was welches Tier braucht. Wir wissen beispielsweise, dass Katzen sehr viel Unabhängigkeit und Freiheit brauchen. Dass wir Katzen nicht gerecht werden, wenn wir sie in einer Wohnung einsperren. Ebenfalls sorgen wir für die Bewegung und Nahrung, die unser Hund benötigt, um zufrieden und ausgeglichen zu sein. Wir würden auch keinem pflanzenfressenden Tier Fleisch geben.

Bei uns Menschen scheint alles anders zu sein. Jeder Mensch muss sich anscheinend den hohen Ansprüchen der Leistungs- und Konsumgesellschaft unterwerfen. Niemand darf langsamer, hässlicher, dicker oder behindert sein. Nehmen wir einmal Kinder, die viel zu früh auf die Welt kommen und mit großem technischem, ärztlichem und pflegerischem Aufwand am Leben erhalten werden. Überleben sie dies alles, benötigen sie jahrelange Therapien, um in der Gesellschaft bestehen zu können. Sind sie nicht durch die Apparatemedizin sowieso behindert, können viele von ihnen nur einen Hauptschulabschluss machen, was für diese Kinder einen großen Erfolg bedeutet.

Liebende Eltern empfinden viel Hochachtung für die enorme Leistung ihres ehemalig früh geborenen Kindes. Sie wissen, was es an jahrelanger Kraftanstrengung bedeutet hat, überhaupt so weit zu kommen. Aber welche Chancen auf einen Beruf seiner Wahl und Fähigkeit hat nun ein solches Kind mit einem Hauptschulabschluss in unserer, auf Hochleistung programmierten Gesellschaft?

Es ist Zeit für ein Umdenken. Wir sollten wieder das Individuelle respektieren und aus dem Denken aussteigen, alles in einen Topf zu werfen. Jeder von uns ist einzigartig, und auch in einem Bettler kann ein hoher Engel stecken. Es ist an der Zeit, auch den „Schwachen" in unserer Gesellschaft mit Barmherzigkeit, Mitgefühl und Liebe zu begegnen.

Viele Menschen wissen schon um ihr Seelenland, aus dem sie kommen. Es kann viel dazu beitragen, ein Leben zu führen, das dem wirklichen Wesen entspricht. Uns wird es gesundheitlich und seelisch besser gehen, wenn wir spüren, was wir brauchen und was unsere Lebensaufgabe ist. Denn in der Neuen Zeit geht es sehr viel um Selbstfürsorge und Selbstermächtigung.

Hier findest du einige Fragen zu den Eigenschaften inkarnierter Elementarwesen. Wenn du dich darin wiedererkennst, dann vertraue darauf, dass du ein lichtvoller Engel der Erde und der Natur bist. Vielleicht ist es dir eine Hilfe, dich besser zu verstehen und deinen Bedürfnissen entsprechend gut für dich sorgen zu können. Kannst du dich nur teilweise wiedererkennen, dann liegt es vielleicht daran, dass dir noch nicht alles bewusst ist. Außerdem kenne ich vielleicht noch nicht alle Merkmale, und es muss auch nicht alles für jeden zutreffen. Nach den Eigenschaften findest du jeweils einen gechannelten Text, der speziell für die einzelnen Gruppen der inkarnierten Engel dieser Erde durchgegeben wurde und eine Unterstützung darstellen kann. Höre dennoch immer auf deine eigene Wahrheit und nimm dir nur das, was wirklich für dich stimmt.

☆☆☆

Körperliche Eigenschaften von Elfen und Feen

- Hast du einen schnellen Stoffwechsel und verträgst leichte Kost besser?
- Isst du gerne Salat, Obst und Gemüse?
- Liebst du Tiere und bist Vegetarier, weil du nicht möchtest, dass Tiere leiden?
- Siehst du die Notwendigkeit, biodynamisch angebaute Lebensmittel zu verzehren, nicht nur für die eigene Gesundheit, sondern auch als Umweltschutz?
- Brauchst du ausreichend Schlaf, um dich energetisch und kraftvoll zu fühlen?
- Benötigst du bei Medikamenten häufig niedrigere Dosierungen?
- Verabscheust du es, Medikamente nehmen zu müssen und hast deswegen Kenntnisse über die Naturheilkunde?
- Helfen dir Kräuter und Mineralien bei Krankheit oder Beschwerden besonders gut?
- Beschäftigst du dich mit dem Thema der natürlichen Körperpflege, weil du nicht möchtest, dass dein Organismus mit allzu viel Chemikalien belastet wird?
- Nimmst du schnell Fremdenergien von Menschen, Institutionen und Medien auf (Schutz anwenden)?
- Kannst du häufig am Abend schlecht abschalten und einschlafen?
- Hast du ein empfindliches Nervensystem, das schnell in Stress und unter Druck gerät?
- Erschickst du bei lauten Geräuschen?

- Bist du empfindlich gegenüber Gerüchen und Chemikalien im Haushalt?
- Kannst du richtig wütend werden, ungefähr wie Rumpelstilzchen? Hattest du deswegen manchmal als Kind damit Probleme und fühltest dich unverstanden?
- Hast du als Kind vielleicht unter Asthma gelitten?

☆☆☆

Die Beziehung zur Natur

- Fühlst du dich in der Natur zu Hause und tankst dort vollkommen auf?
- Bist du gerne allein im Wald, am See, am Meer oder auf einer Wiese?
- Leidest du, wenn Bäume gefällt werden, um neue Straßen zu bauen?
- Spürst du eine besondere Liebe zu den Elementen Feuer, Erde, Wasser und Luft?
- Fühlst du dich zum Umwelt- und Tierschutz hingezogen oder betätigst dich bereits darin?
- Bist du, wenn du ganz ehrlich bist, lieber mit Tieren zusammen oder in der Natur als mit Menschen?
- Macht es dich wütend, wie Menschen mit Tieren und der Umwelt umgehen?
- Warst du schon als Kind gerne allein draußen und hattest vielleicht unsichtbare Freunde?
- Hast du im Wald manchmal das Gefühl, nicht allein zu sein?

- Kannst du die Energien von Elementarwesen wahrnehmen?

☆☆☆

Allgemeine Merkmale

- Hast du dich schon immer irgendwie anders gefühlt, nicht wirklich dazugehörig?
- Umgibst du dich zu Hause mit Figuren wie Engel, Elfen, Feen usw.?
- Möchtest du Elementarwesen mit deinen physischen Augen sehen können? Siehst du sie vielleicht schon mit den inneren Augen?
- Singst, tanzt und spielst du gerne? Feierst du gerne Feste und bist immer zu Scherzen aufgelegt? Liebst du Musik?
- Blitzt dir manchmal der Schalk aus den Augen? Frag einmal deine Freunde danach.
- Brauchst du viel Raum und Zeit für dich, vor allem in der freien Natur? Brauchst du viel Freiheit?
- Bist du zwar gerne mit Menschen zusammen, aber dann auch wieder lieber alleine?
- Vertraust du Menschen nicht wirklich?
- Hast du die Fähigkeit, Leichtigkeit und Freude unter die Menschen zu bringen? Fühlen sich viele deswegen zu dir hingezogen?
- Bist du sehr kreativ und arbeitest gerne mit Naturmaterialien? Liebst du alles, was glitzert?

- Hast du eine Neigung zu Suchtverhalten?
- Kannst du Regeln nicht ausstehen und umgehst sie gerne?

Natürlicherweise sind Elementarwesen am glücklichsten in Berufen, die viel im Freien stattfinden, wie zum Beispiel Trekkingführer, Förster, Gärtner, Tierpfleger oder vieles anderes. Sie sind auch häufig in künstlerischen, helfenden und lehrenden Berufen zu finden. Und sie setzen sich privat in irgendeiner Form für den Klima-,Umwelt- und Tierschutz ein. Häufig benutzen sie im eigenen Umfeld umweltverträgliche Produkte.

Mein geliebter Bruder ist das perfekte Beispiel für einen Engel der Natur. Er ist von Beruf Förster, hat aber auch schon viele Trekkingtouren auf Island durchgeführt. Er arbeitet am liebsten draußen im Wald und im Garten bei seinen Tieren. Es macht ihn krank, wenn er allzu viel im Büro und am Computer sein muss. Des Weiteren ist er ein absolutes Vorbild im Umweltschutz. Geduscht und Geschirr gespült wird bei ihm und seiner Frau nur mit Regenwasser, ohne irgendwelche chemischen Zusätze. Der Strom wird über Solarzellen erzeugt, und vieles an Nahrungsmitteln wird bei ihnen biologisch selbst angebaut. In jeder Hinsicht ist er dazu bereit, persönliche Abstriche an Luxus und Bequemlichkeit zugunsten der Natur zu machen. Dass er seit vielen Jahren Vegetarier ist, versteht sich schon fast von selbst.

Unter den inkarnierten Naturwesen gibt es auch sogenannte Kristallwesen. Sie sind weniger für die Heilung einzelner Menschen zuständig, sondern mehr global für die Erde. Sie erschaffen gern Neues, bringen Menschen in Gruppen zusammen, schreiben Artikel und Bücher. Sie sehen die Notwendigkeit in der jetzigen Zeit, viele Menschen und nicht nur Einzelne, zu erreichen. Inkarnierte Kristallwesen leiten auch gerne Projekte, denen ein ökologischer oder gesundheitlicher Gedanke zugrunde liegt.

☆☆☆

An die inkarnierten Elementarwesen

Ich bin die Königin der Elementarebene. Ich bin befugt, zu allen Erdengeln zu sprechen, die sich in dieser Zeit als Mensch inkarniert haben. Wir sehen mit großem Schrecken, was auf der Erde an Zerstörung und Umweltverschmutzung geschieht. Ihr alle wisst das, denn es zeigt sich immer deutlicher. Stürme und Überschwemmungen nehmen an Heftigkeit und Häufigkeit zu. Das Klima verändert sich stetig. Es ist ein Transformations- und Reinigungsprozess der Erde. Lady Gaia hat damit kein Problem, sie wird damit fertig. Aber es kann das Leben aller Wesen auf der Erde erheblich beeinträchtigen. Aus diesem Grund haben sich eine Vielzahl von Elementarwesen als Mensch inkarniert, um jetzt beim Aufstieg der Erde behilflich zu sein.

Ihr alle, die ihr euch vielleicht zu einer dieser Gruppen hingezogen fühlt, seid mit einem klaren Auftrag hierhergekommen. Es ist von großer Wichtigkeit, euch selbst zu erkennen und zum Wohle aller und der Umwelt zu wirken. Mit Hilfe von immer mehr Informationen und Wissen, das euch zugänglich gemacht wird, könnt ihr herausfinden, zu welcher Erdengelgruppe ihr gehört. Viele von euch haben vor ihrer Inkarnation den Auftrag angenommen, in irgendeiner Form zu lehren. Lehren kann auch bedeuten, so, wie die Sternenwesen in aller Geduld und Freundlichkeit mit den Mitmenschen zu sein und dadurch aggressive Energien zu neutralisieren.

Spürt in euch hinein, in welche Richtung die Neigung geht. Was interessiert dich besonders? Die Frage kann auch lauten: „Was ärgert mich sehr?", zum Beispiel an dem Schulsystem, den Regierungen und Institutionen. Bittet um lichtvolle Hilfen, die euch euren ganz speziellen Weg zeigen. Alle Wesen aus der Elementarebene haben auch immer kraftvolle Helfer um sich. Sie führen euch Schritt für Schritt und bilden euch aus. Außerdem steht ihr unter dem Schutz und der Anleitung von Erzengel Michael.

Das Wichtigste, was ich euch sagen möchte, ist: „Habt keine Angst!" Denkt nicht: „Ich bin noch nicht so weit, ich kann das nicht, ich will mich nicht blamieren", oder: „Ich bin zu klein, zu wenig, zu schwach." Verschiebt das Anliegen auch nicht in die Zukunft, indem ihr denkt: „Ich muss erst die und die Ausbildung machen, den Abschluss, das

Seminar usw.". Nein, es ist jetzt an der Zeit zu beginnen, und ihr werdet alle Hilfe erhalten, die ihr benötigt. Euer begrenztes Denken ist ein Ausdruck des kleinen Egos. Die Seite des Egos, die ihre Wurzeln in der Angst hat. Die Atmosphäre, in der ihr lebt, ist von Angst durchdrungen. Angst verdunkelt die Erde. Über die Angst wird sehr viel Macht ausgeübt, geschieht Manipulation, und es wird euch die Kraft genommen, zu entscheiden, was wirklich euer Bedürfnis ist.

Ihr seid in der Angst gefangen wie in einem Spinnennetz. Aber wisst, geliebte Engel der Erde, ihr könnt euch mit eigener Kraft daraus befreien. Ihr könnt euch auswickeln und entwirren von den klebrigen Fäden, die euch festhalten. Habt ihr es einmal geschafft, die Angst zu überwinden, schafft ihr es immer wieder und werdet fähig, anderen zu helfen, das Gleiche zu tun. Die wichtigste Mission aller Erdengel ist, zunächst die eigene Angst aufzulösen. Es ist dringend an der Zeit, die Erdatmosphäre von den Auswirkungen der Angst zu befreien. Ängste trennen dich von der Göttlichkeit in dir. Sie sind es, die Härte, Kälte und Lieblosigkeit erzeugen.

Kennt ihr das? Angst, die Arbeit zu verlieren und keine neue zu finden. Euren Kindern nicht alles bieten zu können. Das Klima verändert sich, das Essen enthält keine Nährstoffe mehr, die Sonne schadet usw. Durch das Mangeldenken, das durch die Medien, Institutionen und die Regierung verbreitet wird, werdet ihr besonders in der

Angst gehalten. So, als würde es auf Mutter Erde nicht genug für alle geben. Erhebt sich die Erde, wird sich ohnehin sehr vieles auf dem wunderbaren Planeten verändern. Dennoch ist vieles erzeugte Angst, durch die ihr euch ohnmächtig fühlt und aufgebt. Zeilen wie diese können euch helfen, die Wahrheit darüber zu erkennen, wer ihr wirklich seid, wo ihr hergekommen seid und wohin ihr wieder zurückkehrt. Die Angst zu verlieren heißt, Vertrauen zu gewinnen. Ihr werdet stets liebevoll geführt und erhaltet alles, was ihr für das Leben auf der Erde benötigt.

Die Angstwolke, die die Erde bedeckt, wird sich auflösen, wenn viele Menschen anfangen, das pessimistische Denken zu beenden. Wenn viele Menschen beginnen, wirklich Verantwortung für die Gedanken und die daraus folgenden Handlungen zu übernehmen. Unterstützt keine Unternehmen mehr, die Mensch, Tier- und Umwelt ausbeuten oder schädigen. Helft euch gegenseitig, indem ihr euch als das erkennt, was ihr seid. Gebt Wissen weiter und helft anderen, wieder auf die eigene Wahrheit zu hören.

☆☆☆

Wenn ich leben könnte wie im Traum...

Den folgenden Text schrieb ich Pfingsten 1989 in Frankreich. Er fiel nach zwanzig Jahren ganz zufällig(?) durch die Arbeit an diesem Buch in meine Hände. Immer wieder erstaunt es mich, wenn ich jetzt alte Tagebücher und Texte hervorkrame, was ich schon damals intuitiv wusste, ohne es wirklich verstanden zu haben. Damit ist aus meiner heutigen Sicht die ureigene Wahrheit, das Erinnern, gemeint, ein Wissen, das wir immer in uns tragen und zu jeder Zeit anzapfen können. Für mich stellt sich nun die Frage: „Woran habe ich mich damals erinnert? War es die frühe Zeit auf diesem Planeten, meine Herkunft oder die Neue Zeit auf der Erde?“

☆☆

Wenn ich leben könnte wie im Traum,
wäre ich leicht und könnte fliegen wie ein Vogel,
es gäbe weder Zeit noch Raum.

Es würden stets überall Blumen blühen,
leichte Winde gehen,
es wäre nie zu warm oder zu kalt,
und ich würde die Sprache der Tiere und Pflanzen verstehen.

Es gäbe nichts als Freiheit, jetzt und hier,
alles wäre Einheit – Mensch, Natur und Tier.

Die Menschen könnte ich verstehen,
ohne mit ihnen zu reden,
nur mit der Sprache des Herzens,
und dies gälte für jeden.

Ich würde mit Weisen und großen Menschen
kommunizieren
und müsste dafür nicht erst promovieren.

Es gäbe keine Währungen, keine Grenzen –
alle Menschen würden sich mit ihrer Hilfe
Nahrung und Wissen ergänzen.

Es gäbe kein Besitz, kein Eigentum,
nichts zu verlieren, nichts zu finden,
und wir würden nicht durch Neid und
Habgier erblinden.

Ich wäre nie müde, mürrisch, ängstlich oder krank –
würde gute Energien schöpfen aus dem göttlichen
Trank.

Meine Traumwelt wäre durchdrungen von einer
großen Stille,
nur die leise Musik meines Herzens mein
Wesen erfülle.

Könnte ich leben wie im Traum,
würde ich bedingungslos alles lieben!

Wäre ich dann von dieser Welt gegangen,
würde ich sagen:
„Ach, wäre ich doch in diesem Paradies geblieben."

☆☆☆☆☆

Bist du ein inkarnierter Engel?

Körperliche Merkmale

- Inkarnierte Engel sehen häufig so aus, wie wir uns Engel vorstellen. Sie haben hübsche Gesichter, große, schöne Augen, die Liebe, Mitgefühl und Vertrauen ausstrahlen.
- Viele haben Gewichtsprobleme und sind oft etwas rundlicher. Sie benötigen diese Schicht um sich herum als energetischen Schutz und zur Erdung.
- Die Tendenz, in andere Sphären abzuheben, ist verständlicherweise bei ihnen sehr groß.
- Einige haben helle Haare, viele neigen dazu, sich die Haare aufzuhellen.
- Es umgibt sie eine hellstrahlende Aura, man meint förmlich, die Engelsflügel sehen zu können.
- Sie tragen gerne pastellfarbene Kleidung, häufig in rosa.

☆☆☆

Allgemeine Merkmale

- Durch die liebevolle Ausstrahlung und die Schönheit fühlen wir uns zu inkarnierten Engeln sehr hingezogen. Begegnen wir ihnen, haben wir schnell das Gefühl, zu Hause zu sein.
- Sie finden immer das Gute im Menschen. Bei Streitigkeiten gleichen sie gerne aus, haben aber große Schwierigkeiten damit, in Beziehungen „Nein“ zu sagen.
- Sie suchen sich unbewusst Menschen mit Problemen, die sie therapieren können, häufig Süchtige in irgendeiner Form.
- Sie gehören zu der Beziehungsgruppe „Menschen, die zu viel lieben.“
- Oft bleiben sie zu lange in ungesunden Beziehungen, aus der unbewussten Hoffnung heraus, doch noch dem Menschen helfen zu können.
- Geben und Nehmen sind bei inkarnierten Engeln nicht im Gleichgewicht, sie sind immer für andere da, haben aber keinen Ausgleich. Dadurch kann es sein, dass sie sich bis zur Erschöpfung verausgaben. Das Burn-Out-Syndrom ist bei ihnen häufig anzutreffen.
- Da sie für alle und alles offen sind, fehlt es ihnen an energetischem Schutz. Wie alle Erdenengel sind sie sehr sensitiv und nehmen viele Fremdenergien auf (Reinigung und Schutz anwenden).
- Einige haben zu Hause eine ganze Ansammlung von Engelsfiguren und sind überall dort zu finden, wo es um das Thema Engel geht.

- Im Gegensatz zu Elementarwesen befolgen inkarnierte Engel Regeln und Gesetze gerne.
- In der Regel üben sie helfende Berufe wie Krankenschwester, Ärzte, Heilpraktiker, Stewardessen, Heiler, Sozialpädagogen und Ähnliches aus. In ihrer Arbeit neigen sie zu Perfektionismus.

☆☆☆

An die inkarnierten Engel (Erzengel Michael)

Seid aufs Allerherzlichste gegrüßt.

Wie die meisten von euch schon wissen, stehen inkarnierte Elementarwesen und Engel unter meiner Führung. Mein Anliegen ist es, gradlinig und ohne Umwege dem höchsten göttlichen Sein zu entsprechen.

Ich leite und führe euch gerne. Es ist eine Ehre für mich. Dennoch muss ich euch sagen, dass ihr euch manchmal wie störrische Esel benehmt. Ihr wollt es einfach nicht wahrhaben, ein Engel zu sein und auch als Engel auf der Erde zu wirken. Habt ihr es als eure eigene Wahrheit erkannt, ist es euch zuweilen sogar unangenehm und peinlich, denn ihr wollt wiederum nichts Besonderes sein. Es ist nichts Außergewöhnliches, ein inkarnierter Engel zu sein, so lautet meine Botschaft an euch. Denn alle Wesen tragen die vollkommene Liebe in sich. Alle Wesen der Erde sind göttlichen Ursprungs. Es zu etwas Besonderem machen zu wollen, ist der Ausdruck des kleinen Egos. Keiner ist weniger, keiner ist mehr.

Entspricht es eurer Wahrheit, ein inkarnierter Engel zu sein, dann vertraut auf euer Gefühl, denn ihr habt wichtige Aufgaben zu erfüllen. Eure Mission ist es, die Liebe und das Mitgefühl unter die Menschen zu bringen. Die wirkliche, echte und wahrhaftige Liebe zu allem Sein. Ihr wisst, was ich damit meine. Jedes Wesen ist auf die Erde gekommen, um sich zu erfahren und dadurch zu lernen. Es geht nicht darum, eure Partner und Kinder verändern zu wollen, ihnen alle Probleme abnehmen zu müssen. Es geht nicht darum, allen Menschen jegliche Schwierigkeiten aus dem Weg zu räumen. Wir wissen zutiefst, dass ihr es aus Liebe und Mitgefühl geschehen lasst. Was könnte es anderes sein als Liebe, und dennoch ist es wichtig, die Menschen durch ihre Lernprozesse gehen zu lassen.

Eure Aufgabe, geliebte Engel, ist, die Liebe zu verkörpern, die ihr seid. Ganz in eurer eigenen Kraft zu bleiben. Seid lebendes Vorbild der Liebe, und ihr bewirkt alles, was notwendig ist. Wenn es auch nicht alle Menschen sehen können, spüren sie doch die Energie. Je mehr ihr eure wahre Schönheit lebt, umso größer und strahlender wird die Aura. Hierdurch berührt ihr die Menschen und könnt den Lichtfunken in ihnen entzünden. Viele fühlen sich zu dem „Aus dem Inneren heraus strahlen" und der „himmlischen Energie" hingezogen.

Natürlich werden auch manche Wesen dabei sein, die sich euer Licht nehmen wollen. Geliebte Engel, gebt das Licht weiter, aber schützt euch davor, alles geben zu wollen. Verschenkt ihr all euer Licht, fühlt ihr euch stets müde und kraftlos. Sorgt viel besser für euch, als ihr es bisher getan habt. Visualisiert einen Lichttempel um euch herum, der euch von außen schützt. Darin kann die Liebe frei fließen, das Licht erstrahlen, und ihr könnt anderen Menschen am besten dienen. Erschafft den Lichttempel immer wieder aufs Neue, so, wie ihr in einem Haus wohnt, das euch vor Regen und Kälte schützt. Genauso, wie das Haus regelmäßig gereinigt wird, ist es von Bedeutung, den Energiekörper von negativen Ansammlungen zu befreien. Meine blaue Lichtenergie ist dafür sehr gut geeignet.

Bitte, liebe inkarnierte Engel, achtet gut auf euren physischen Körper. Wie die meisten von euch bereits wissen, seid ihr nicht der Körper, aber er ist Hier und Jetzt euer Zuhause, ohne ihn seid ihr handlungsunfähig. Genausowenig könnt ihr bewirken, wenn der Organismus durch mangelhafte Ernährung und Bewegung geschwächt ist.

Viele Genussmittel, wie beispielsweise Alkohol, Tabak, Kaffee, Fleisch und Schokolade, belasten den physischen Körper. Durch allzu viele Milchprodukte werden die Zellen verschleimt. Außerdem übersäuern die irdischen Körper der Menschen immer mehr. Es findet kein Ausgleich der Säuren und Basen mehr statt. Hinzu kommen die Gifte aus Deodorantien, Cremes, Haarpflegemitteln, Zahnpas-

ten und Putzmitteln im Haushalt. Alle diese Chemikalien dringen durch die Haut und die Atmung in euren wundervollen Körper ein. Lasst das alles weg, es ist nicht nötig, dass ihr diese Dinge benutzt.

Anmerkung:

Gute und wertvolle Tipps zu den Belastungen unseres Körpers durch Nahrungs- und Umweltgifte findet man in dem Buch von Dr. med. Walter Mauch „Die Bombe unter der Achselhöhle". Außerdem hilfreiche Anregungen zu alternativer Körper- und Zahnpflege und wie wir im Haushalt ohne den Einsatz von Chemikalien auskommen.

☆☆☆☆☆

Gehörst du zu den reinkarnierten Weisen?

Zu den reinkarnierten Weisen gehören weibliche und männliche Zauberer, Hexen, Schamanen und HohepriesterInnen. Im Gegensatz zu den anderen Engelgruppen haben inkarnierte Weise schon unzählige Male als Mensch gelebt. Sie kennen die menschliche Rasse mit all dem Schatten und dem Licht. Deswegen haben sie für alles Menschliche viel Mitgefühl und Verständnis. Sie fühlen sich zu schamanischen Heilweisen, Ritualen, altem Kräuterwissen hingezogen. Inkarnierte Weise hegen auch Interesse an schamanischen Reisen und Kontakten mit der jenseitigen Welt. Viele inkarnierte Weise haben in früheren Lebenszeiten Gelübde in irgendeiner Form abgelegt. Gelübde können beispielsweise sein: Nichts und niemandem mehr Glauben zu schenken, vor allem keinem Gott, stets in Armut, Leiden und Gehorsam zu leben oder auch sexuelle Enthaltsamkeit. Haben wir ein Thema, das sich wie ein roter Faden durch unser Leben zieht und nach einem Gelübde aussieht, können wir Erzengel Michael bitten, es mit seinem Lichtschwert zu durchtrennen.

☆☆☆

Merkmale

- Inkarnierte Weise kleiden sich gerne in fließende Gewänder und lange Mäntel und in eher dunklen Farben. Manchmal auch krasse, leuchtende Farben. In jedem Fall tragen sie gerne auffällige Kleidung, die sie von anderen unterscheidet.
- Viele haben lange Haare, männliche Weise tragen ihre Haare gerne zu einem Zopf gebunden.
- Sie strahlen etwas Majestätisches und Fürstliches aus, es sind Menschen mit Charisma.
- Zuweilen wirken sie sehr ernst und streng, außerdem umgibt sie immer etwas Geheimnisvolles.
- Durch intensiv gelebtes Leben haben sie dunkle Schatten um die Augen und sehen dadurch etwas düster aus.
- In ihrer Gegenwart haben wir das Gefühl, sie können uns bis tief in die Seele blicken und wir können nichts vor ihnen verbergen. Tatsächlich können sie Lüge und Wahrheit schnell unterscheiden.
- Auch wenn wir es nicht immer wahrhaben wollen, spüren wir doch, dass ihre Ratschläge sehr wertvoll sind.
- Inkarnierte Weise nehmen schon als Kind wahr, dass sie hellseherische, hellfühlige und andere Fähigkeiten haben. Dadurch fühlen sie sich von Anfang an „anders“. Sie lernen früh, sich unabhängig von der Meinung anderer zu machen und spüren intuitiv, dass ihre Ansicht der Wahrheit entspricht.
- Viele interessieren sich für Astrologie und antike, mystische Zeiten.

- In privaten Beziehungen haben sie zwanghaft das Gefühl, ihr Wissen weitergeben zu müssen. Dadurch sind sie allzu oft in der Lehrerrolle gefangen und können sich schlecht fallenlassen.
- Da sie große Manifestationsfähigkeiten haben, sollten sie gut auf ihre Worte und Gedanken achten. Ihre Worte sind sehr machtvoll und können auch schon mal wie ein Fluch wirken. Ein Wunsch wird manchmal zur unerwünschten Wirklichkeit. Manche hatten in mehreren Inkarnationen mit den Auswirkungen ihrer Manifestationen zu kämpfen.
- Inkarnierte Weise sind wunderbare Lehrer und haben hohe Führungsqualitäten. Deswegen eignen sie sich auch nicht besonders gut als Angestellte. Sind sie von einer Sache überzeugt, dann voll und ganz. Haben sie nun allerdings unmotivierte Schüler vor sich, leiden sie sehr.

☆☆☆

An die reinkarnierten Weisen (Erzengel Michael)

Seid gegrüßt, ihr über alles geliebten Weisen dieser Erde. Ihr habt schon unzählige Male als Mensch auf der Erde gelebt und seid durch schreckliche Zeiten gegangen. Zeiten, in denen ihr verfolgt, gefoltert und verbrannt wurdet. Zeiten der Verurteilung wegen eurer spirituellen Kräfte. Auf euch wurde das abgeladen, was die Menschen in sich nicht anschauen wollten. Mit eurer Vernichtung meinten die Menschen, das Negative, das in ihnen selber schlummerte, ausrotten zu können. Durch eure enorme Kraft habt ihr in der Zeit sehr viel für die Menschheit getragen.

Diese qualvollen Erinnerungen haben dazu geführt, dass ihr in den göttlichen Sphären bleiben wolltet. Ihr habt euch dort wunderschön eingerichtet. Habt riesige glanzvolle Paläste und schöne blühende Gärten erschaffen. Ihr habt in Frieden und Liebe gelebt, und so sollte es für immer bleiben.

Jedoch folgten Zeiten, in denen die Erde und ihre Bewohner dringend eurer Hilfe bedurften. Ihr habt euch bereit erklärt, eure machtvollen Kräfte zum Wohle aller wieder zu beleben. Es fiel euch schwer, die wundervollen Welten zu verlassen und erneut in die Schwere des Erdenlebens einzutauchen. Wir sehen eure Not voller Mitgefühl und Liebe. Dennoch seid euch bewusst, dass eure Fähigkeiten dringend gebraucht werden. Deswegen möchten wir euch sagen: Erhebt euch aus eurem Zorn und traut euch, die inneren Kräfte zu leben. Jetzt ist die Zeit da, in der ihr die negativen Erinnerungen an frühere Jahrhunderte in positive verwandeln könnt. Ihr werdet nicht mehr verfolgt und verurteilt. Euer Schmerz und eure Wut dürfen jetzt heilen.

Seid gewiss, ihr habt große Heil- und Zauberkräfte. Ihr habt viel Wissen ansammeln können, über Rituale, Anrufungen, Kristalle, Manifestationen, Heilweisen mit Kräutern und anderem. Stellt das Wissen den Wesen der Erde zur Verfügung. Wendet es an und lehrt es. Bildet Menschen aus, die das gleiche Drängen in sich spüren. Lehrt die Menschen die Akzeptanz der Andersartigkeit und die Manifestation einer schönen Zukunft durch freudvolle Gedanken. Erweckt in jedem Menschen die mitfühlende Kraft der Weiblichkeit. Das sind große Aufgaben, aber seid gewiss, ihr verfügt über enorme Fähigkeiten. Aus den himmlischen Sphären stehen viele Helfer hinter euch und unterstützen eure Bemühungen.

Unsere Liebe ist bei, in und um euch.

In vielen Inkarnationen hattet ihr tiefe Freundschaften und Verbindungen zu den Elementarwesen. Die gemeinsame Liebe zu Mutter Erde verband euch in hohem Maße. Außerdem liebtet ihr die Leichtigkeit, Verspieltheit und Freude der Elfen und Feen. Vergesst diesen Teil in euch nicht. Genießt und erfreut euch an den positiven Seiten eines menschlichen Körpers.

Gehörst du zu den Sternenmenschen?

Die hohe Sensitivität gegenüber Energien haben alle inkarnierten Erdenengel gemeinsam. Ebenso die intuitive Suche nach der Lebensaufgabe, das Interesse an spirituellen Themen, die Ablehnung jeglicher Gewalt und die Naturverbundenheit. Sternenmenschen, auch Sternensaat genannt, haben außerdem natürlicherweise großes Interesse und Wissen an außerirdischen Dingen, wie beispielsweise Ufos, Planeten und Raumfahrt. Insgeheim hoffen sie, irgendwann, oder möglichst bald, wieder abgeholt zu werden, um nach Hause zurückzukehren.

☆☆☆

Merkmale

- Sie sind häufig eher unauffällig gekleidet, denn sie wollen keineswegs Aufmerksamkeit auf sich ziehen. Sie stehen nicht gerne im Mittelpunkt.
- Die Körperformen reichen von Groß und Schlank bis Klein und Rundlich. Einige haben schmale, längliche Gesichter.
- Große Menschenansammlungen sind ihnen ein Gräuel, sie sind sehr gerne mit sich allein.
- Den menschlichen Problemen stehen sie eher distanziert gegenüber, sie wollen sich nicht so tief auf die Gefühle einlassen. Dadurch wirken sie manchmal etwas kühl oder abweisend.

- Zu finden sind inkarnierte Sternenmenschen in Berufen, in denen besondere Freundlichkeit verlangt wird, beispielsweise als Verkäuferinnen, Postboten, Friseure, Kundenbetreuer und vieles anderes. Intuitiv zieht es sie auch in Berufe, in denen es um die Arbeit mit den Händen geht, wie zum Beispiel Physiotherapeuten, Masseure, Krankengymnasten und Reiki. Unter ihnen findet man einige Reikimeister.
- Allen gemeinsam ist das innere Bedürfnis, zu helfen, ohne etwas dafür zu verlangen.
- Sie spüren, vor allem hier zu sein, um einen Job zu erfüllen, deswegen investieren sie nicht allzu viele Emotionen in Beziehungen und sind dadurch gerne Einzelgänger.
- Manche leiden an der tiefen Sehnsucht nach „Zuhause".

☆☆☆

An die Sternenmenschen

Ich begrüße euch voller Liebe und tiefem Mitgefühl. Ihr geliebten Sternenlichtwesen habt bereitwillig die Aufgabe angenommen, der Erde zu helfen. Ihr wisst um die Auswirkungen im ganzen Kosmos, wenn die wundervolle Erde zerstört wird.

Wir schicken euch viel Lichtenergie, damit ihr eure große Aufgabe auf der Erde erfüllen könnt. Ihr habt stets Hel-

fer aus unseren Reichen an eurer Seite und seid energetisch mit uns verbunden. Ihr werdet dringend und in großer Zahl gebraucht, um die aggressiven Energien abzuleiten. Ihr seid wunderbare und liebenswerte Wesen, die durch Freundlichkeit und Hilfsbereitschaft Großartiges leisten. Intuitiv wisst ihr um eure Aufgaben, hadert aber damit, ob es genug ist, was ihr tut. Es ist nicht nur genug, es ist sehr viel. Eure bedingungslose Bereitschaft zu helfen öffnet die Herzen der Menschen.

Wir wissen, wie fremd ihr euch manchmal fühlt, und wie wenig ihr euch mit den menschlichen Problemen befassen wollt. Das ist auch gar nicht nötig. Ihr braucht nicht allzu tief einzutauchen in das menschliche Dasein. Ihr bewirkt Heilung allein durch eure Anwesenheit. Sucht gleichgesinnte Sternenlichtwesen, sie verstehen euch tief und fühlen das Gleiche. Habt ihr euch erkannt, werdet ihr andere erkennen an ihrer Güte, Sanftheit und ihrem einfachen und unauffälligen Dasein. Wir sehen in allen Teilen der Welt eure Lichter leuchten, und unsere Botschaft an euch lautet:

Haltet stand, ihr großartigen Wesen,
unsere Liebe und Lichtströme sind stets bei euch.
Habt keine Angst, denn Hilfe wird kommen.

Als ich den oben genannten Text erhielt, wurde ich in eine goldene Energie eingehüllt. Vor meinen inneren Augen erschien ein hell erleuchtetes Raumschiff, und es sprach der Kommandant zu mir. Er war ganz in Gold gekleidet und hatte einen riesigen Kopf. Es war auch deutlich die starke Energie im Kopf zu spüren. Ich fühlte sehr großes Mitgefühl für die Sternenmenschen, die sich hier inkarniert haben. Auch die Bitte des Durchhaltens war sehr spürbar. Wahrscheinlich ist es besonders für diese Menschen schwer, in dieser gewalttätigen Welt zu leben.

Sternenlichtwesen (was für ein schöner Name) sind hier, um Gewalt zu verhindern, indem sie jedem helfend und liebevoll zur Seite stehen. Dadurch wird viel Aggression gemildert. Als Beispiel möchte ich von einem jungen Mann erzählen, der für mich die Inkarnation eines Sternlichtwesens ist. Als er einige Wochen zu früh auf die Welt kam, wollte er gleich wieder gehen. Nur durch intensive Maßnahmen der Medizin überlebte er. Anscheinend fühlte er sich von Anfang an auf dieser Welt sehr fremd, denn auch in den folgenden Jahren war er häufig so krank, dass nur die Medizin in der Lage war, sein Überleben zu sichern. Trotz einiger schmerzhafter lebensbedrohlicher Erfahrungen verspürte er nie Ängste. Scheinbar wusste er intuitiv um die Erlösung, nicht mehr hier bleiben zu müssen. Später sagte eine Heilerin zu ihm, er sei das erste Mal als Mensch inkarniert. Er käme aus einer tiefen Liebe und wäre nach seiner Geburt sehr geschockt gewesen über die spürbare Kälte und Lieblosigkeit auf der Erde.

Als kleines Kind konnte er von jedem Menschen die Aurafarbe sehen. Und er sah Elfen, Feen und Engel. Außerdem interessierte er sich schon früh für Kristalle. Als Jugendlicher bat er die Engel oft um Hilfe, behielt diese Dinge aber mehr für sich. In der Schule war er ein Außenseiter und wurde gelegentlich gehänselt. Er beteiligte sich ungern an etwas und wollte lieber für sich alleine sein. Er blieb gerne im Hintergrund. Über seine Gefühle sprach er nie und wollte sich auch nicht damit befassen. Die Hänseleien anderer Kinder schienen ihn nicht wirklich zu erreichen. Was ihn jedoch sehr belastete, war der Leistungsdruck und die Angst einflößende Atmosphäre in den Schulen. War es für ihn nicht mehr erträglich, entzog er sich manchmal durch wochenlange Krankheiten dem Druck.

Er hat auch das typische Aussehen eines männlichen inkarnierten Sternenlichtwesens. Er ist groß gewachsen, sehr schlank und hat ein schmales, längliches Gesicht. In seiner Familie fiel er besonders durch seine Hilfsbereitschaft und sein stilles freundliches Wesen auf. Er gab nie Anlass zur Kritik und milderte dadurch den Stress innerhalb der Familie. Filme und Computerspiele mit gewalttätigen Inhalten lehnte er von Anfang an ab, obwohl diese in seiner Altersgruppe sehr gefragt waren.

Die Einteilung in die vier Gruppen der inkarnierten Elementarwesen, Engel, Weise und Sternenmenschen kann dazu dienen, sich zu erkennen und wirklich zu verstehen. Es soll uns lediglich eine Hilfe in unserem Alltag sein, damit wir unsere eigenen Bedürfnisse befriedigen können. Wenn wir wissen, dass wir sehr offen für Energien sind, können wir entsprechend handeln. Spüren wir, dass die

Natur uns Kraft gibt, können wir es uns eher erlauben, viel Zeit draußen zu verbringen. Waren wir schon immer auf der Suche nach unserer Lebensaufgabe, tragen die Ausführungen dazu bei, sie zu finden. Ebenso verstehen wir die Handlungen anderer Menschen besser, wenn wir um ihre Herkunft wissen.

Keineswegs ist es dazu gedacht, sich als etwas Besonderes zu betrachten oder sich über andere zu erheben. Auch nicht, um uns gedanklich von anderen als getrennt zu fühlen. Oder Gedanken nachzugeben wie: „Der ist höher, weiter und besser als ich.“ Mit diesen Gedanken nähren wir nur unser Ego. Denn insgesamt sind wir alle Engel der Erde und leben genau in der Zeit hier, in der wir am meisten gebraucht werden.

Da nichts voneinander getrennt ist, finden wir uns häufig in mehreren Gruppen wieder. Jeder hat auch einen Anteil eines Engels, Weisen, Sternenlichtwesens und eines Elementarwesens in sich. Es gibt Zeiten in unserem Leben, in denen wir einen bestimmten Anteil mehr leben als einen anderen. Beispielsweise sind wir als Kinder gerne in der Natur und haben vielleicht Freunde, die für andere unsichtbar sind. Kinder lieben die Leichtigkeit und Freude und manchmal auch den Schabernack. Jugendliche interessieren sich gerne für Science-Fiction, Ufos und Außerirdische. Und sie fühlen sich in sich oft nicht zu Hause. Als Erwachsene leben wir in der Familie den engelhaften Teil, und im Alter tritt das Weise und Bodenständige mehr zu Tage.

Die Liebe zu den Tieren (Erzengel Uriel)

Wir aus unseren Reichen wissen und sehen, dass es schon viele Tierliebhaber unter den Menschen gibt. Es entscheiden sich immer mehr dafür, die Qual der Tiere in jeder Form zu beenden. Sollen Gewaltlosigkeit und Frieden auf der Erde einkehren, muss die Gewalt gegen Tiere aufhören.

Seid gewiss: Was ihr aussät, werdet ihr ernten.

Gleiches zieht Gleiches an, das ist ein kosmisches Gesetz. Lebt friedvoll mit den Wesen der Natur. Tiere sind reine, göttliche Geschöpfe und empfinden genauso viel Schmerz und Leid wie ihr. Sie hegen die gleichen Ängste vor dem Sterben wie ein Mensch. Es ist gleichgültig, welcher Körper sich um die Seele herum geformt hat. Ob es ein tierischer oder ein menschlicher Körper ist. Alle Lebewesen im universellen Bewusstsein sind gleichwertig, denn alle sind große Seelen, die sich entschieden haben, in diesen Zeiten mit ihrer Liebe anwesend zu sein.

Die Atmosphäre um die Erde herum ist sehr verdichtet. In dieser Verdichtung sind nicht nur die Ängste der Menschen zu finden, sondern auch die Ängste der Tiere, die dem Menschen hilflos ausgeliefert sind. Jedes Lebewesen ist himmlischen Ursprungs. Seht einmal einem Tier mit offenem Herzen in die Augen, und ihr werdet die hingebungsvolle, bedingungslose Liebe sehen. Sie kommen mit einem allumfassenden Vertrauen auf die Welt und sind reine Geschöpfe der großen Gottheiten. Schätzt sie nicht geringer, sie sind euch ebenbürtig. Jegliches Leid, das ihr einem Tier zufügt, fügt ihr euch selbst zu. Lasst diese Wahrheit tief in euer Herz sinken. Betrachtet ihr aus dieser Sicht die Wesen dieser Erde, werdet ihr nicht mehr in der Lage sein, ihnen Qualen zu bereiten.

Tiere können euch göttliche Qualitäten lehren. Ein Hund ist ein treuer Freund und Kamerad des Menschen. Er lehrt euch die bedingungslose Hingabe und Liebe. Bereitet ihr ihm auch noch so großen Schmerz, liebt er euch dennoch grenzenlos. Eine Katze kann euch Freiheit und Selbstbestimmtheit lehren. Ein Löwe Kraft und Stärke, eine Ameise Gemeinschaft und soziales Verhalten, ein Pferd Stolz und Anmut. Wählt den Weg der Liebe zu allen Geschöpfen. Macht euch stets euer Handeln bewusst, dann werden das Licht und der Frieden auf diesen wundervollen Planeten zurückkehren.

Seit einigen Monaten hörte ich nichts mehr von der Elfe Ricarda. Wahrscheinlich war ich zu sehr mit anderen Themen beschäftigt. Doch als es um das Thema Tiere ging, wurde sie ganz wild und aufgeregt. Sie zeigte mir die Not der Tiere in Tiertransporten zu Schlachthöfen, mit all der damit verbundenen Angst. Sie machte mir klar, dass die Tiere nicht wissen, was sie erwartet, aber es intuitiv spüren. Des Weiteren führte sie mich an einen Ort, wo wegen eventueller Krankheit eines Tieres unendlich viele getötet wurden. Ricarda weiß wahrscheinlich genau, dass sie bei mir damit offene Türen einrennt beziehungsweise einfliegt! Ich litt schon als Kind darunter, wenn die Jungs in unserer Straße Fliegen die Flügel ausrissen. Ebenso konnte ich mich in jede Fliege hineinfühlen, die an den Klebebändern in unserer Küche langsam zugrunde ging.

Wir wohnten gegenüber einer Hühnerfarm. Jedes Jahr kam die Zeit, in der die Hühner geschlachtet wurden. Es wurde ihnen der Kopf abgeschlagen, und sie liefen lautlos noch einige Minuten ohne Kopf herum. Das war immer eine besonders schlimme Zeit, denn ihr Schmerz war für mich unerträglich. Eines Tages rettete ich ein Huhn vor dem sicheren Tod und versteckte es tagelang in einem großen Karton. Leider ging dies natürlich nicht auf Dauer, und ich musste das Huhn dann doch wieder hergeben. Aber zumindest war die Schlachtzeit bereits vorbei.

Als Erwachsene war ich dann nicht immer so bewusst im Umgang mit Kleinstlebewesen. Jahr für Jahr untergrub eine Horde Ameisen die Platten unserer Terrasse. Die ersten Jahre sah ich noch zu, aber als die Platten immer lockerer wurden, setzte ich Gift ein. Ich werde das Bild der toten Ameisen, die zusammengekrümmt dalagen, nicht mehr vergessen. Ich fühlte förmlich ihre Bauchschmerzen nach dem Fressen des Giftes. Im nächsten Jahr setzte ich dann biologische Geruchsstoffe ein, was die Ameisen allerdings gar nicht interessierte. In meiner Not erklärte ich den Ameisen, dass sie woanders graben sollen, aber nicht unter unserer Terrasse. Jetzt sind schon fünf Jahre vergangen, und es hat sich keine Ameise mehr gezeigt.

☆☆☆☆☆

Kontakt zu den Elementarwesen

Einem kürzlich erschienenen Bericht zufolge glauben 66 Prozent der Deutschen an Engel. Aber wie sieht es mit der Anderswelt und den Elementarwesen aus? In früheren Jahrhunderten hatten die Menschen noch mehr Zugang zu den unsichtbaren Welten, und sie bezogen ganz selbstverständlich das kleine Volk in ihren Alltag mit ein. Heute darf alles, was wir nicht sehen oder beweisen können, auch nicht sein. Das ist sehr schade, denn es kann zu einer großen Bereicherung unseres Lebens werden, wenn wir die Anwesenheit des sogenannten kleinen Volkes wahrnehmen.

Um in den Kontakt mit ihnen zu treten, ist eine tägliche Begrüßung ratsam, hierdurch fühlen sie sich bei uns willkommen. Stellen wir eine Schale mit frischen Wiesenblumenblüten auf und laden die Blumenelfen zu uns ein, kommen sie gerne. Als Willkommensgeste können wir ihnen täglich ein Schälchen mit etwas Essen hinstellen. Am nächsten Tag sollten wir das Essen jedoch wegwerfen, denn Elementarwesen nehmen sich aus dem Nahrungsmittel die Essenz, wodurch das Essen aber wertlos wird.

Mit einem offenem Herzen und Geduld lernen wir mit der Zeit, Elfen und Feen mit unseren physischen Augen zu sehen. Meist spüren wir jedoch als Erstes ihre Energien. Dieses Aufatmen, der Frieden, die Leichtigkeit und insbesondere das Gefühl, im Wald beobachtet zu werden, sind tatsächlich Elementargeister. Sind wir in der Natur ohne Ablenkung ganz bei uns, öffnet sich in winzigen Augenblicken das Tor zu der heilen und liebevollen Welt der Elfen und Feen. Wir spüren die Ganzheit, die Vollkommenheit und fühlen kleine Momente des „Zu-Hause-Seins“. Kaum zu glauben, aber es gibt tatsächlich eine heile, lichte Welt mitten unter uns.

An bestimmten Plätzen in der Natur finden wir gehäuft Elementarwesen, aber sie sind auch in unserem Zuhause. Denken wir positiv und ist unser Heim von guten Gefühlen durchdrungen, leben Elfen und Feen gerne bei uns. Da sie uns durch die Umweltzerstörungen nicht wirklich vertrauen, sind sie allerdings anfangs eher etwas scheu. Respekt und Achtung sind wichtig, um ihr Vertrauen zu gewinnen. Lassen wir alle unsere vorgefertigten Vorstellungen von Elementarwesen los und legen wir uns auch nicht auf eine äußere Form fest. Sie sind in der Lage, ihre Form ständig zu verändern, manchmal als Spiel, um uns zu verwirren. Sind sie bereit für eine Kontaktaufnahme, zeigen sie sich unter Umständen als das Bild, das in uns stark verankert ist.

Mit den physischen Augen sehen wir eine kleine Elfe als einen strahlenden Lichtblitz oder Lichtfunken. Sie sind auch beim unfokusierten Sehen am Rande des Gesichtsfelds als Bewegung wahrnehmbar. Ebenso als ein Vorbeihuschen um Pflanzen herum. Einfacher ist jedoch das Sehen mit den inneren Augen. Dazu entspannen wir uns und werden innerlich ganz still. Nun öffnen wir unser Herz, verbinden uns mit den Elementarwesen und achten auf jede Wahrnehmung. Das kann ein Bild sein, ein Gefühl, ein Geruch oder eine Farbe. Wichtig ist immer das Vertrauen in die eigene Wahrnehmung und das absichtslose, innere Schauen und Lauschen.

Thomas Mayer beschreibt in seinem Buch „Rettet die Elementarwesen“ die Begegnung mit einem Elementargeist, bei dem er den Geschmack und Geruch von Zimt wahrnahm. Er nannte dieses Wesen fortan „der Zimtige“, und es wurde sein treuer und wertvoller Begleiter. Lassen wir unserer Fantasie freien Lauf und akzeptieren wir unsere eigene Wahrnehmung als die richtige. Für den Kontakt zu Elementarwesen ist es ohnehin nicht wichtig, welches Bild in uns entsteht. Wir sind aber durch vertraute Bilder leichter in der Lage, mit den Naturwesen zu kommunizieren und ihre Energien wahrzunehmen. Sehen wir mit den inneren Augen einen zotteligen, großen Kerl, dann ist das eben so. Schränken wir uns nicht mehr mit alten Glaubenssätzen ein, die behaupten, Fantasie zu haben wäre kindisch und albern. Kleine Kinder kennen diese Bewertung noch nicht und haben dadurch noch einen viel freieren Zugang zu den Zauberwelten.

Um Botschaften und Bilder zu empfangen, braucht es etwas Übung. Scheinbar muss sich unser Gehirn erst einmal umstrukturieren, Areale müssen neu erwachen und betätigt werden, damit sie für uns arbeiten. Üben wir uns darin, innere Bildern zu bekommen, führt es ebenfalls zu lebendigeren Träumen in der Nacht und dazu, sich am Morgen an die Träume zu erinnern.

Die Geistige Welt unterstützt uns darin, so mit uns zu kommunizieren, wie es für uns, in unserer ganz besonderen Essenz und Situation hilfreich ist. Manchmal brauchen wir einen weisen, alten Herrn, der für uns das göttliche Prinzip symbolisiert. Ebenso ist es durchaus möglich, Lady Gaia (Mutter Erde) als alte Kräuterfrau wahrzunehmen, die nur für uns einen ganz speziellen Zaubertrunk bereitet, der unserer Heilung dient. Je tiefer wir uns auf positive Bilder einlassen können, umso mehr Heilung kann geschehen. Unser Innenleben wird reicher, Glücksmomente der Freude nehmen zu, negative Gedankeninhalte immer mehr ab. Es ist ein Geschenk der Geistigen Welt an uns.

Woher bekomme ich nun die Sicherheit, reale Bilder von Elementarwesen zu empfangen? Der Unterschied zu unechten Bildern liegt in der Mühelosigkeit, es erfordert keine große Kraftanstrengung und Konzentration. Alles, was natürlich ist, ist auch leicht. Entstehen die Bilder von ganz allein, ohne unsere Vorstellung, wie sie aussehen sollten, handelt es sich um reale Bilder. Echte Bilder von den Anderswelten werden mit der Zeit auch ohne unser bewusstes Dazutun lebendig. In diesem Moment spüren wir meistens genau, dass es der Wahrheit entspricht. Es entsteht ein Glücksgefühl in uns, das durchaus eine Fee in unser Herz gezaubert haben könnte, denn auch diese Wesen sind sehr glücklich darüber, wenn wir mit ihnen in Kontakt treten.

Vertrauen wir unserer Wahrnehmung, werden die Bilder mit der Zeit immer konkreter und wir erfahren Dinge, die wir vorher nicht wissen konnten. Beispielsweise nahm ich einen sehr schönen Stein vom Strand des Mittelmeers mit und erfuhr dann von dem Steinwesen, dass es gar nicht damit zufrieden sei, in meinem Schlafzimmer sein zu müssen, anstatt am Ort seiner Herkunft. Steine wollen an ihrem Platz bleiben. Wir Menschen würden uns alles nehmen, ohne zu fragen. Diese Botschaft war mir neu.

Es kann für uns eine große Bereicherung des Lebens darstellen, wenn wir die Unterstützung der Anderswelt zulassen und annehmen. Egal, ob es Engel, Elfen, Feen oder sonstige Wesen sind.

Es erwachen auch immer mehr Drachen aus ihrem Schlaf. Sie sind sehr liebevoll und weise, auch sie helfen uns gerne, und wir fühlen uns nicht mehr so allein. Ist diese Hilfe nicht oft das, was wir im Leben brauchen? Jemand, dem wir wirklich vertrauen können, weil er nicht nur sein eigenes Wohl im Sinn hat? Lernen wir wieder, uns an diesem Reichtum der unsichtbaren Welten zu erfreuen.

Meine Elfe Ricarda möchte ich jedenfalls nicht mehr missen. Auch wenn ich sie nicht ständig wahrnehme, ist sie dennoch immer da. Der Unterschied zu reinen Fantasiegebilden ist, dass sich Ricarda wie ein eigenständiges Wesen verhält. Sie gewährt mir Einblicke in die Elfen- und Feenwelt, von der ich vorher keine Ahnung hatte. Sie zeigt sich auch nicht immer als kleine, quirlige Elfe mit dem Zauberstab, sondern gelegentlich auch als majestätische Elfenkönigin in einem silbernen Gewand. Verständigen können wir uns über das Gefühl und über Bilder. Worte habe ich von ihr noch nicht gehört. Bei Ricarda nehme ich libellenhafte Flügel wahr, während ich nur bei manchen Engeln Flügel sehe. In der Regel haben sie eine große, strahlende Aura, die wie Flügel aussehen. In meiner Wahrnehmung kommen sie auch nicht geflogen, sie sind einfach da, wenn man sie ruft.

Mein Wunsch ist es, das Herz der Menschen nicht nur für die Liebe, sondern auch für die Zauberwelten zu öffnen. Deswegen war es für mich wichtig zu erfahren, was die Elementarwelt uns Menschen mitteilen möchte. In der tiefen Entspannung zeigte sich sofort ein gigantisch großes, lichtvolles, eher engelhaftes Wesen. Dieses Wesen war vom Christuslicht beseelt. Es war für mich wie ein unermesslich großer Oberelf, der über allem schwebt und sein Licht über Wälder, Landschaften und Meere herunter fließen lässt. Außerdem schickt er beständig Strahlen in die Herzen der Menschen, damit sie wieder liebevoller und barmherziger werden. Auch hier war wieder die Notwendigkeit spürbar, mehr Verantwortung für Mutter Erde zu übernehmen.

Die Besorgnis und Traurigkeit über den Zustand der Erde ist bei allen Naturwesen unübersehbar. Für die Elementarwesen scheint es wichtig zu sein, dass wir positive

Gedanken produzieren und an sie glauben. Sie sind nicht so stark wie die Menschen, aber unser Glaube an sie verleiht ihnen Kraft.

Zu einer anderen Zeit machte ein Steinwesen auf sich aufmerksam. Es zeigte sich als knorriger, aber freundlicher uralter Gnom, der in einem Stein lebt. Es erschien ihm ganz wichtig, mir das Innerste seines Steins zu zeigen. Vielleicht deswegen, weil ich doch sehr skeptisch war. Jedenfalls zeigte sich mir eine helle, freundliche und warme kleine Welt. Es fühlte sich an wie ein schönes, gemütliches Zuhause. Ich spürte die Geduld, die Ausdauer, die Beharrlichkeit, den inneren Frieden und das einfache Dasein dieses Wesens.

☆☆☆☆☆

Feen- und Elfenplätze

In der Natur ist es sehr viel einfacher, Feen und Elfen wahrzunehmen. Besonders beliebt bei ihnen sind natürliche Wiesen, Wälder und Landschaften. Im Frühling, wenn wir uns selbst frei und leicht fühlen, können wir die Energien der Elfen und Feen recht gut spüren. Aber nicht nur im Wald und auf Wiesen, besonders auch an fließenden Gewässern halten sie sich auf. Inkarnierte Elementarwesen sind ebenso gerne an den oben genannten Plätzen.

Sehen wir im Wald vor unseren Füßen moosbedeckte Wurzeln, Baumstämme und magisch erscheinende Eingänge, stehen wir wahrscheinlich schon mitten im Königreich der Elementarwesen. In Vollmondnächten tanzen sie gerne in Waldlichtungen. Auch Baumkreise und Felsgesteinshöhlen lieben sie sehr. Die Schleier zu den Anderswelten sind ebenfalls dünner bei den heidnischen Jahresfesten, wie den Sonnenwendtagen, Ostara, Walburgis, Samhain und anderen.

Dennoch sollten wir uns nicht auf Zeiten oder Orte festlegen, das begrenzt uns wieder nur. Es ist jederzeit möglich, sich mit den Elementarwesen zu verbinden, zu lauschen und zu spüren. In dem Buch der isländischen Elfenbeauftragten Erla Stefansdottir „Lifssyn min“ findet man viele Bilder von großen, lichten Wesen über Städten, Krankenhäusern, Altersheimen, Kirchen, Bergen und Seen.

Ich finde es hilfreich, visuelle Abbildungen zu sehen, um überhaupt einmal eine Idee zu bekommen, wie die Elementarkräfte aussehen könnten. Dadurch werden wir inspiriert, und in uns können eigene Bilder entstehen.

☆☆☆☆☆

Geist des Einhorns

In der energetischen Verbindung eines Einhorns erscheint ein brillant strahlend weißes Licht, das durchzogen ist mit silbernen und lilafarbenen Fäden. Es ist viel Energie im Stirnbereich wahrnehmbar, was für klares Denken, hohes Wissen und Intelligenz steht. Sie treten sehr würdevoll auf und haben einen scharfen Blick für Gerechtigkeit und Wahrheit.

Einhörner sind sehr hoch entwickelte, helle Wesen, mit glitzernden, häufig gedrehten, in allen Farben schimmernden Hörnern. Sie arbeiten mit Menschen zusammen, die bereit sind, ihr kleines Ego zugunsten des großen Ganzen aufzugeben. Menschen, die verstanden haben, dass alles miteinander verbunden ist und die für die Erde als Gesamtheit wirken wollen. Einhörner beobachten die Menschen und unterstützen sie, sobald sie eine gewisse Entwicklungsstufe erreicht haben. Sie stehen jetzt in großer Anzahl bereit, um zur Erde zu kommen. Sie waren selbst schon oft als Pferde inkarniert und mussten einen eigenen Entwicklungsweg durchlaufen. Erst danach können sie zu weißen Pferden werden. Sie kommen ebenso aus der göttlichen Liebe wie die Engel. Sie freuen sich sehr, wenn ein Mensch über sein kleines Ich hinauswächst und zum Wohle aller wirken möchte. Aber sie warten auch geduldig, bis der Mensch genug vorbereitet ist und das Göttliche sein Handeln bestimmt. Einhörner verleihen solchen Menschen Kraft und Ausdauer. Außerdem geben sie ihnen Würde und Charisma, damit sie die nötige Ausstrahlung bekommen. Das Göttliche ist immer für alle Wesen und alles Sein der Erde da, und niemals für Einzelne. Den gleichen Gedanken verfolgen Einhörner, und durch ihre Hilfe werden auch einzelne Menschen fähig, Großes zu leisten.

☆☆☆

Übung – Herzkraftöffnung mit einem Einhorn

Für die Herzkraftaktivierung ist es wichtig, dass wir uns eine schöne, gemütliche Atmosphäre schaffen. Vielleicht mit Kerzen, Kristallen, Blumen, schönen Bildern und ruhiger Musik. Die Einhörner sind so wunderbare, würdevolle Wesen, und es ist eine große Ehre für uns, wenn sie zu uns kommen.

Nun atme ein paar Mal tief ein und aus und lass all dein Alltagsgeschehen ruhen. Stell dich gedanklich in ein helles Licht, das dich von allen Seiten umfängt. Sage dir, dass du in diesem Licht geschützt bist und nur das zu dir kommen kann, was aus der höchsten göttlichen Liebe ist.

Nun verbinde dich mit der Liebe deines Herzens und rufe ein Einhorn zu dir. Vielleicht kannst du mit deinen inneren Augen ein strahlend weißes Einhorn sehen, dessen Horn aus glitzernden Kristallen besteht. Oder lass ein Bild in dir entstehen, das deiner Wahrheit entspricht. Genieße zunächst einmal diesen wunderbaren Anblick, die Schönheit und majestätische Kraft.

Wenn du so weit bist, richtet das weiße Pferd sein Kristallhorn auf dein Lichtherz, das sich in der Mitte der Brust befindet. Es lässt unendliche Liebe, Klarheit und Kraft in dich hineinfließen. Durch die hohe Schwingung seines Horns, die wie ein gebündelter Laserstrahl wirkt, wird nun deine Herzkraft aktiviert und gestärkt. Du kannst sehen, wie sich das Licht in deiner Herzgegend mehr und mehr ausdehnt, und wie dein Herzchakra in einem zarten Rosa, mit Grün durchzogen, leuchtet. Spüre, wie sich ein heilsamer Frieden in den Zellen deines Körpers ausbreitet und du in deinem wirklichen inneren Wesen ankommst. Du lässt alles los und dich von der Kraft deines Herzens tragen. Du spürst, hier bist du zu Hause, hier ist der göttliche Funke, hier darfst du einfach sein, ohne Wenn und Aber. Das fühlt sich richtig und sehr friedvoll an, du merkst, dass du hier ausruhen kannst. Lass dein ganzes Sein von diesem guten Gefühl erfüllen und genieße es, so lange es dir guttut. Werde dir bewusst, dass von nun an die liebevolle Herzkraft in dir aktiviert ist.

Bist du bereit dazu, nimmt das weiße Pferd sein Horn von deinem Herzchakra und bedankt sich bei dir für dein Vertrauen. Verabschiede dich und danke auch du ihm für seine Arbeit. Kehre nun langsam in deinen Alltag zurück und nimm das Bild mit, das vielleicht in dir entstanden ist. Dies kann das Einhorn, das Gefühl der unendlichen Liebe oder das im warmen Rosagrün strahlende Herzchakra sein. Erinnere dich in deinem Alltag oft an dieses Bild, dadurch wird es immer wieder aktiviert.

Einhörner können uns auch behilflich sein, indem sie durch ihr Einhorn Farbstrahlen über unser Drittes Auge (zwischen den Augenbrauen) zu den Stellen in unserem Körper schicken, die Heilung brauchen. Diese Visualisierung kannst du in die oben genannte Meditation mit einfließen lassen.

Energetisches Arbeiten an unserem Lichtkörper

Eine Blume aufstellen

Eine Blume aufzustellen ist eine wunderbare Selbsthilfemethode, die ich vor einigen Jahren in einer Auraausbildung lernen durfte. Die Übung ist sehr einfach und eine effektive Möglichkeit, um an unserem Lichtkörper zu arbeiten. Sie kann uns viel Aufschlussreiches über unseren seelischen und energetischen Zustand zeigen, uns stärken und wieder ins Gleichgewicht bringen. Gleichzeitig erkennen wir, woran es uns in unserem Leben mangelt. Wer schon einmal an Familienaufstellungen teilgenommen hat, erkennt die Ähnlichkeit darin. Für diese Methode brauchen wir jedoch keine anderen Personen, wir können sie alleine durchführen, die Pflanze dient uns hierzu als Symbol unserer eigenen Person. Ich habe mich auf diese Weise immer vor größeren Teambesprechungen mit vielen Personen energetisch gestärkt.

In der Übung geht es darum, unsere Energie in eine Blume zu geben, die wir spontan in uns entstehen lassen. Oder wir stellen uns einfach unsere Lieblingsblume vor. Es kann eine Margerite, eine Tulpe, eine Sonnenblume, eine Rose oder eine andere Pflanze sein. Dazu nehmen wir entweder mit Hilfe unserer Vorstellung, oder ganz praktisch als Geste unsere Energie so, als würden wir einen Pullover ausziehen, und stülpen sie über unsere imaginäre Pflanze.

Nun schauen wir mit unseren inneren Augen, was mit der Blume geschieht. Wie verhält sie sich nach dem Überstülpen unserer Energie? Fällt sie vielleicht in sich zusammen? Ist eine Seite kräftiger als die andere? Wie ist das Gesamterscheinungsbild? Sieht sie klein und schwach aus? Hat sie vielleicht keine Blätter oder keine Wurzeln? Wie sieht der Himmel über der Blume und die Sonne aus? Gerade bei Lichtboten und Menschen, die sich viel mit dem Göttlichen befassen, ist der Bereich des Himmels und der Sonne in der Regel wunderschön ausgebildet. Es kann ihnen aber an der Verwurzelung mit der Erde mangeln. Ebenso wirkt der Stängel eventuell durch das „Nicht-zu-der-eigenen-göttlichen-Wahrheit-Stehen“ recht dünn. Die Pflanze zeigt uns immer die Realität über unseren Zustand.

Wir fangen bei den Wurzeln an, energetisch an der Blume zu arbeiten. Dazu stellen wir uns eine Gießkanne mit Wasser vor, in dieses Wasser füllen wir alles, was unsere Pflanze braucht. Das können Worte sein, positive Sätze oder einfach das Gefühl der Liebe. Es gibt auch die Möglichkeit, mit den Händen eine Lichtkugel zu formen, um die Worte und Sätze, die uns spontan einfallen, in die Lichtkugel zu geben. Die folgenden, vorgegeben Worte sind dabei nur Vorschläge. Am Ende sollte unsere Blume kraftvoll und genährt dastehen.

Übung

Atme ein paar Mal tief durch und entspanne dich.

Verbinde dich mit deinem Höheren Selbst, indem du zum Beispiel einen goldenen Faden aus deinem Scheitelchakra nimmst und ihn etwa 20 – 30 cm oberhalb deines Kopfes mit dem Höheren Selbst verbindest. Dein Höheres Selbst kannst du dir als goldene Schale oder Kugel vorstellen.

Visualisiere nun bitte eine Blume deiner Wahl und stelle sie etwa 30 cm vor dich hin. Nimm deine Energie (Pullover) und stülpe sie über die imaginäre Pflanze. Verschaffe dir zunächst einen Gesamteindruck der Blume, um dann bei den Wurzeln zu beginnen.

☆☆

Wie sehen die Wurzeln aus?

Die Wurzeln stehen für Erdung, Tatkraft, Willenskraft, Durchsetzungsvermögen, Standhaftigkeit und das Eintreten eigener Interessen. Was nimmst du wahr? Erscheinen die Wurzeln kurz oder lang, sind überhaupt welche vorhanden? Knabbert eventuell ein Wurm an den Wurzeln? Du kannst dem Wurm eine Stimme geben und fragen, was er braucht, damit er gehen kann. Hast du eine Antwort erhalten, formst du mit Hilfe der Visualisation eine Lichtkugel mit deinen Händen und gibst die Wünsche des Tieres hinein. Das kann Anerkennung, Liebe oder vielleicht Licht sein. Dann schau, ob er nun gehen kann.

☆☆

Den Wurzeln geben, was sie brauchen

Mit Hilfe einer Gießkanne kannst du die Wurzeln mit Urvertrauen, Erdverbundenheit, Wachstum, Heilung, Vertrauen zu Mutter Erde und zur Großen Göttin begießen. Des Weiteren kannst du den Wurzeln die Allliebe und die Liebe zu den Elementarwesen geben. Verwende aber auch bitte deine eigenen Worte, denn nur du weißt, was deine Pflanze braucht! Sind die Wurzeln kräftig und stark, dann glätte die Erde um die Pflanze herum. Ist alles schön versorgt und aufgebaut, ziehst du die Energie hinauf in den Stängel.

☆☆

Wie sieht der Stängel aus?

Der Stängel steht für unsere Aufrichtung, für die Wirbelsäule, für die innere Mitte, das Innere Kind (Verspieltheit, Leichtigkeit) und für die Standfestigkeit im Leben. Außerdem für das Wachstum und Vertrauen in die göttliche Führung. Der Stängel kann zusammengesunken, geknickt, dünn oder zu einer Seite hängend aussehen.

Zum Stängel können wir uns auch folgende Fragen stellen: Wie stehen wir im Leben, wie stehen wir zu uns? Wie sieht es mit unserer Aufrichtigkeit, uns selbst und anderen gegenüber, aus? Lassen wir das Innere Kind spielen? Haben wir Freude im Leben? Genießen wir die „Süße“ des Lebens? Stehen wir zu dem Glauben an das Göttliche?

☆☆

Dem Stängel geben, was er braucht

Nimm wieder deine Gießkanne und gib dem Stängel Wachstum, göttliche Anerkennung, Freude, Leichtigkeit, Verspieltheit, bedingungslose Liebe, Harmonie und Standfestigkeit. Mach mit deinen eigenen Worten so lange weiter, bis sich ein Gleichgewicht der Pflanze einstellt. Das heißt, bis der Stängel gerade, kräftig und aufrecht dasteht. Nun ziehst du die Energie in die Blätter hinauf.

☆☆

Wie sehen die Blätter aus?

Die linke Seite der Blätter steht für die Innere Frau und die rechte Seite für den Inneren Mann. Beide Seiten symbolisieren das Gleichgewicht der weiblichen und männlichen Energien: das Nehmen und Geben, Hingabe, liebende Annahme. Aber sie stehen auch für Durchsetzungsvermögen und Tatkraft. Wie sehen nun die Proportionen, die Farbe und die Größe der Blätter aus? Hat eine Seite mehr Gewicht, wie ist die Anzahl der Blätter auf beiden Seiten verteilt? Sind überhaupt keine Blätter vorhanden, kann es bedeuten, dass sowohl die weibliche als auch die männliche Seite in uns nicht gelebt wird.

☆☆

Den Blättern geben, was sie brauchen

Die Blätter können wir mit weiblicher und männlicher Kraft versorgen, außerdem mit der Liebe zu Mutter Göttin/Vater Gott und allem, was uns zu den Qualitäten der Weiblichkeit und Männlichkeit einfällt. Sind die Blätter gleichmäßig und kraftvoll aufgebaut, ziehen wir mit Hilfe unserer Vorstellung die Energie hinauf in die Blüte.

☆☆

Wie sieht die Blüte aus?

Die Blüte symbolisiert den Blick in den Himmel, das Sehen des inneren Lichts, Verbindung zu höheren Lichtwesen, Offenheit für etwas Neues im Leben und für unsere Spiritualität. Körperlich ist die Blüte der Bereich des Kopfes, zum Beispiel, sich dauernd Gedanken machen, nicht abschalten können oder auch Krankheiten, die mit dem Kopf zu tun haben (Tumore, Migräne usw.).

Ist die Blüte verschlossen, geöffnet, oder lässt sie gar den Kopf hängen? Befindet sich ein Käfer in der Blüte? In diesem Fall kann man wieder dem Käfer eine Stimme geben und ihn fragen, was er braucht, um gehen zu können. Das kann sein Loslassen, Seinlassen, vielleicht Kontrolle abgeben, Vertrauen in die göttliche Führung haben.

☆☆

Der Blüte geben, was sie braucht

Der Blüte können wir Strahlkraft, Selbstliebe, Wärme, Gottvertrauen, Anerkennung und Sonnenlicht geben. Nun sollte unsere ganze Blume kraftvoll und gesund erstrahlen. Aber wir sind noch nicht ganz fertig, denn wir müssen noch den Himmel und die Sonne anschauen. Wieder ziehen wir die Energie weiter nach oben.

☆☆

Wie sehen der Himmel und die Sonne aus?

Ist der Himmel strahlend blau, oder hat er dicke schwarze Wolken? Die Wolken stehen für Wut, Groll und Zorn. Um diese Gefühle loszuwerden, lassen wir es in unserer Vorstellung kräftig regnen, blitzen und donnern. Auch ein tobender Sturm kann hinzukommen. Ich empfehle, es ausgiebig zu genießen, denn dieses ist sehr befreiend. Wir sollten es so lange regnen lassen, bis der Himmel strahlend blau ist.

Nun sehen wir uns noch die Sonne an. Lacht sie, oder sieht sie getrübt aus? Ist vielleicht ein Auge geschlossen und das andere geöffnet? Hier symbolisiert das linke Auge wieder die weibliche und das rechte die männliche Energie. Scheint die Sonne nicht hell und strahlend am Himmel, sollten wir uns die Blume noch einmal ansehen, ob noch etwas fehlt. Finden wir nichts, können wir in das Wasser der Gießkanne Liebe, Licht und Heilung energetisch einfüllen und die ganze Blume damit begießen. Danach müsste eigentlich die Sonne hell und freundlich vom Himmel strahlen.

Nun nehmen wir diese kraftvoll aufgebaute Energie der Blume wieder zu uns zurück, indem wir sie über unsere eigene Aura stülpen. Sozusagen ziehen wir den Pullover, den wir zuvor ausgezogen haben, wieder an. Das Aufstellen der Blume hört sich recht aufwändig an, sind wir aber mit dem Inhalt vertraut und lassen einfach unsere Intuition fließen, brauchen wir vielleicht fünf bis zehn Minuten.

☆☆☆

Das Aufstellen eines Themas mittels einer zweiten Blume

Nun gibt es die Möglichkeit, eine zweite Blume mit einem bestimmten Thema zu unserer ersten hinzuzustellen. Themen der zweiten Pflanze können sein: Partnerschaft, Gesundheit, Freude am Beruf, Beziehung zu einer anderen Person, oder was uns gerade wichtig erscheint. Um damit zu arbeiten, sollte unsere erste Blume kräftig aufgepäppelt sein. Nun stellen wir uns eine zweite Blume vor und setzen sie mit dem ausgewählten Thema neben die erste. Wie verhält sich jetzt unsere erste Blume? Geht es beispielsweise um das Thema Beziehung, kann es passieren, dass die erste Blume schwach und kraftlos wird, vielleicht zusammenfällt, oder aber stark bleibt und anfängt zu strahlen. Arbeiten sollten wir dann immer an der ersten Blume und sie wieder so lange versorgen, bis sie kraftvoll dasteht. Natürlich ist es auch wichtig, sich über das gewählte Thema und das nachfolgende Verhalten unserer ersten Pflanze Gedanken zu machen.

Ebenso kann man die Energie einer anderen Person über die Pflanze geben und an ihrer beziehungsweise seiner Blume energetisch arbeiten. Hierfür benötigen wir die Erlaubnis der Person, für die wir arbeiten, denn wir erfahren viel über sie oder ihn. Am Ende geben wir dann alle Energien den jeweiligen Personen zurück.

Etwas Nachdenkliches am Schluss

Gibt es ein Leben nach der Geburt?

Ein ungeborenes Zwillingspärchen unterhält sich im Bauch seiner Mutter. „Sag mal, glaubst du eigentlich an ein Leben nach der Geburt?" fragt der eine Zwilling. „Ja, auf jeden Fall! Hier drinnen wachsen wir und werden stark für das, was draußen kommen wird", antwortet der andere Zwilling. „Das ist doch Blödsinn", meint der Erste. „Es kann kein Leben nach der Geburt geben, wie soll das denn bitteschön aussehen?" „So ganz genau weiß ich das auch nicht. Aber es wird sicher viel heller sein als hier. Und vielleicht werden wir herumlaufen und mit dem Mund essen." „So einen Unsinn habe ich ja noch nie gehört. Mit dem Mund essen? Was für eine verrückte Idee. Es gibt doch die Nabelschnur, die uns ernährt. Und wie willst du denn herumlaufen? Dafür ist die Nabelschnur doch viel zu kurz." „Doch, es wird bestimmt gehen, es ist eben dann alles nur ein bisschen anders." „Du spinnst! Es ist noch nie einer zurückgekommen von „Nach der Geburt". Mit der Geburt ist das Leben zu Ende. Punktum." „Ich gebe ja zu, dass keiner richtig weiß, wie das Leben nach der Geburt aussehen wird. Aber ich weiß, dass wir dann unsere Mutter sehen werden und dass sie für uns sorgen wird." „Mutter??? Du glaubst doch wohl nicht an eine Mutter! Wo ist sie denn?" „Na, hier – überall um uns herum. Wir leben in ihr und durch sie. Ohne sie könnten wir gar nicht sein!" „Quatsch, von einer Mutter habe ich noch nie etwas bemerkt, also kann es sie auch nicht geben." „Doch, manchmal, wenn wir ganz still sind, kannst du sie singen hören. Oder spüren, wenn sie unsere Welt streichelt..."

(Henry Nouwen, holländischer Theologe, Psychologe und Schriftsteller, 1932 – 1996)

☆☆☆

Schau in den Himmel, lass dich berühren,
schau mit dem Herzen, was kannst du spüren?
Unendliche Weite, Freiheit und Glück,
Sonne und Regen komm zur Erde zurück.

Schau auf die Erde, lass dich berühren,
schau mit dem Herzen, was kannst du spüren?
Geborgen zu Hause, Vertrauen und Glück,
Blumen und Bäume schauen zum Himmel zurück.

☆☆☆

Das Leben nach dem Leben

Das auf der vorherigen Seite genannte Lied „Schau in den Himmel" von Gila Antara (Adresse im Anhang) sang ich viele Jahre einem schwerst körperlich und geistig behinderten Mädchen mit dem Namen Isabell vor. Isabell konnte weder sitzen, laufen, noch sprechen oder sehen. Jedes Mal, wenn sie dieses Lied hörte, begannen ihre Augen zu leuchten. Sie blickte in den Himmel, lächelte und schien sich an etwas zu erinnern. Meine besondere Beziehung zu Isabell ließ mich die Unversehrtheit und die Ganzheit ihrer Seele in ihrem behinderten Körper sehen. Immer wieder nahm ich wahr, wie unendlich beengt sie sich in ihrer äußeren Hülle fühlte. Vielleicht war das der Grund, warum Isabell in den kommenden Jahren, in denen es ihr immer schlechter ging, zunehmend körperlich unruhiger wurde. Sie schrie manchmal so verzweifelt und erbärmlich, dass ihre Pflege von allen Beteiligten großen seelischen und körperlichen Einsatz verlangte, insbesondere aber von ihren Eltern. Für Isabells Eltern empfand ich tiefe Hochachtung. Sie pflegten sie mit Liebe, Tag und Nacht, neunzehn Jahre lang, ihr eigenes Leben dabei vollkommen zurückstellend. Der Chefarzt einer Münchner Kinderklinik sagte einmal: „Solche Eltern sind die wirklichen Helden unserer heutigen Zeit." Wie wahr!

Am Todestag von Isabell besuchte ich sie ein letztes Mal in ihrem Zuhause und spürte sofort ihre geistige Anwesenheit. Sie zeigte mir, wie unendlich frei sie sich jetzt fühlte. Ihre Seele jubelte! Immer wieder versuchte sie, den vielen Menschen, die um ihren verstorbenen Körper herumstanden, zu vermitteln: „Ich bin hier, und es geht mir gut!“ Neben meiner Trauer um Isabell empfand ich große Freude für sie, diesen geplagten Körper endlich verlassen zu dürfen.

Am Tag ihrer Trauerfeier war die Kirche voll besetzt. Trotz ihrer schweren Behinderung hatte sie nicht nur mir, sondern auch vielen anderen Menschen etwas gegeben. Auch hier war die Anwesenheit von Isabell sehr spürbar. Sie zeigte mir, dass sie jetzt tanzen, lachen und singen kann. Sie wollte allen klarmachen, dass es keinen Grund zur Traurigkeit gibt. Und sie schaffte es! Es war eine sehr berührende Feier, die dennoch von Freude und Leichtigkeit geprägt war.

Das war Isabell. Auch sie ist Teil meines spirituellen Weges. Von ihr durfte ich die bedingungslose Hingabe lernen, für einen Menschen ohne Wenn und Aber dazusein. Ich durfte erleben, dass es großartige Menschen wie ihre Eltern auch in der heutigen Zeit noch gibt.

Es gab noch eine wunderbare kleine (große) Lehrerin in meinem Leben. Sie war fünf Jahre alt und hatte eine unheilbare Lungenerkrankung. Ihre Mutter saß Tag für Tag, bis in die Nacht hinein, auf der Intensivstation an ihrem Bett. Um besser Luft zu bekommen, konnte das Mädchen in der Nacht nur sitzend schlafen. Eines Morgens, als ich

Nachtdienst auf der Station hatte, fragte ich sie, wie es ihr geht. Sie antwortete, dass ihre verstorbene liebe Omi in der Nacht da war und ihr mitgeteilt hätte, sie bräuchte keine Angst zu haben, sie würde kommen und sie abholen. Das Mädchen erschien mir durch dieses Erlebnis sehr ruhig und gelassen. Am folgenden Abend schickte sie ihre Mutter frühzeitig nach Hause mit den Worten: „Mama, du kannst heute Nacht zu Hause schlafen, mir geht es gut." In dieser Nacht verließ sie ganz friedlich ihren irdischen Körper.

Erhalten wir einst unsere Flügel zurück,
werden wir uns erkennen und
frei sein im ewigen Licht
und ewiger Liebe.

Durch viele Jahre der Arbeit mit schwerkranken und sterbenden Kindern setzte ich mich in den Achtzigerjahren sehr mit dem Thema Sterben und Tod auseinander. Hierzu schrieb ich im Juni 1989 folgende Zeilen:

☆☆☆

Fragen an den Tod

Tod, du bereitest uns Menschen so viel Angst und Bang,
alles dreht sich um dich ein Leben lang.

Bist du hell oder dunkel, schwarz oder weiß,
ist es schmerzhaft, dir zu begegnen, oder gar schön?

Brauchen wir immer den Kummer,
das Leid, den Weg des Sterbens, um bei dir zu sein?

Wir fürchten, verleugnen und ersehnen dich,
aber du hast deine eigene Zeit,
hierdurch besitzt du mehr wie wir: Freiheit!

Warum haben wir Einsichten erst,
wenn du schon neben unserem Bette stehst?
Vielleicht würden wir etwas verändern,
wenn du noch einmal gehst.

Oft brauchen wir dich als Druck,
in schwerer Krankheitsnot, um wirklich zu leben,
nicht nur nach materiellen Werten zu streben.

Du zeigst dich auch im Sterben der Kindheit,
der Jugend, der Zeit,
doch wir erkennen dich nicht in deiner Einfachheit.

Unsere Kinder nimmst du manchmal viel zu früh,
wir verlieren, was wir noch nicht gewonnen haben,
dies zu verstehen kostet große Müh.

Was passiert nach dir,
liegen wir wirklich nur im dunklen, kalten Grab?
Oder war es ein Leben, das sich an viele andere reiht?
Wenn wir das wüssten, wären wir vor so manchem
Schmerz gefeit.

Tod, du machst uns Menschen mächtig Angst,
aber vielleicht bist du ja auch ein alter, weiser Herr
im lichten Gewand,
der uns einst abholt – von Gott gesandt.

☆☆☆☆☆

Schlusswort

Aus Situationen, Erlebnissen und eigenen Erfahrungen im Leben erwachsen Verstehen und Mitgefühl für uns und andere. Haben wir es selbst erlebt, wie es sich anfühlt, wenn das eigene Kind zu sterben droht, können wir Eltern, die ein Kind verloren haben, in ihrem ganzen Schmerz verstehen. Und nur dann!

Genauso ist es uns erst möglich zu begreifen, wovon Erwachte sprechen, wenn wir selbst erwacht sind. Jede, auch nur einmalige, tiefe spirituelle Erfahrung, sei es auf der göttlichen Ebene, Christusbewusstseins,– Engel- oder Elementarebene, lebt in unserer Erinnerung für immer weiter. Denn die Wesen dieser Ebenen sind ausgesprochen tiefgreifend, schon allein deshalb, weil sie unsere ureigene Wahrheit, unser wirkliches Sein, berühren. Sie helfen uns, uns zu erinnern. Hierfür sind geführte Meditationen und Visualisationen sehr dienlich. Spüre ich einmal die vollkommene Liebe, die uns die Engel entgegenbringen, in der ganzen Tiefe, geht mir dieses Empfinden niemals mehr verloren. Wenn auch viele Menschen, die solch ein alles berührendes Erlebnis schon einmal hatten, sich immer wieder auf die Suche nach weiteren Erfahrungen dieser Art machen, brauchen wir es nicht ständig neu. Das Gefühl der unendlichen Liebe ist in unserem Herzen präsent, und es muss lediglich wieder aktiviert werden. Das alleinige Erinnern daran ist ausreichend, um die Liebe erneut zu beleben.

Die Stille ist hierfür eine mächtige und weise Verbündete. Sie ist der Raum in uns, in dem es keine Bewertungen und Urteile gibt. Sie ist unsere Ganzheit, unsere Präsenz, unser innerer Engel, die weiße Leinwand und die innere Sonne. Dieser heilige Raum in uns ist und war niemals verdunkelt, es hat sich lediglich ein Schatten um ihn herum gebildet. Wollen wir die Weisheit der Verbündeten nutzen, müssen wir still werden. In der Stille kommen wir leichter mit unserem Herzen in Kontakt, und wir können vorurteilsfrei der inneren Wahrheit, dem göttlichen Funken, begegnen.

Es sind wunderschöne innere Bilder entstanden, die Tore in uns öffnen und uns helfen können, unsere eigene Wahrheit zu erfahren, zu erfühlen und zu sehen. In allen Channelings durfte ich an der Erfahrung teilhaben, wie unendlich die Geistige Welt uns liebt und wie sehr wir von der Liebe getragen werden. Andererseits, wie wenig wir es in unserem Leben wahrnehmen und dem Glauben schenken. Es war die dringende Notwendigkeit der Veränderung unseres Denkens und Handelns zu spüren, damit ein lichtvoller Planet entstehen kann. Dazu gehören die Entscheidung für ein Leben in Liebe, die Hingabe an das göttliche Sein und die Verbündete der Stille.

Dieses Buch zu schreiben war für mich eine sehr tiefe spirituelle Schulung. Dafür bin ich den Engelwesen und auch meinen irdischen Begleiterinnen unendlich dankbar. Ich wurde in alle Themen selbst hineingeführt, um sie auch wirklich in ihrer Ganzheit und im Herzen zu verstehen. Beispielweise konnte ich über die Wichtigkeit der Erdung erst schreiben, nachdem ich geistig richtig abgehoben war, mich sehr viel in den Engelwelten befand und dadurch Schwierigkeiten bekam, meinen Alltag zu meistern. Zeitweise hatte ich sogar das Gefühl, nur noch körperlich anwesend zu sein.

Und ich brauchte immer wieder großen Mut, um mich mit all dem zu zeigen, was in mir ist. Dafür danke ich auch sehr herzlich anderen AutorenInnen, die diesen Weg vor mir gegangen sind. Sie haben den Weg für mich bereitet. Das schönste Geschenk für mich wäre, wenn die LeserInnen dieses Buches am Ende sagen würden: „Ja, ich werde den Herzensweg gehen, denn er ist richtig!"

☆☆☆☆☆

Kontaktadressen

Akademie Lichtengel (spirituelle Lehrerin)
Chamuel Silke Schauffert
Bündtenackerweg 2
Ch- 4146 Hochwald
Tel. 0041 (0) 61751-87-16
www.lichtengel-chamuel.ch
c.lichtengel@bluewin.ch

Soraya Wedekind
(Spirituelle Heilerin und Gesundheitstherapeutin)
82319 Starnberg
Tel.: 08151 – 66 61 13
Fax: 08151 – 66 65 80
Mobil: 0163 – 71 70 38 8
www.soraya-wedekind.de
licht@soraya-wedekind.de

Wolfgang Friederich
(offenes Singen und Chanten in München mit Liedern, die Herzen öffnen)
Ötztalerstr. 1b
81373 München
Tel. 089-12003414 und 0163-6534264
www.chanten.de
mailto@friederich.de

Gila Antara (Sängerin und Liedermacherin)
http://www.gila-antara.co.uk/
gila@talktalk.net

Buchempfehlungen und Quellennachweise

Ablass, Werner: *Liebe ist die Lösung* (Omega)
Ablass Werner: *Leide nicht-liebe* (Omega)
Ammon, Eva-Maria: *Tatort Jesus* (Smaragd Verlag)
Ammon, Eva-Maria: M*etatron, Ancient-Master-Healing* (Smaragd Verlag)
Ammon, Eva-Maria: *Lady Rowena, Die Kraft der Göttin in dir* (Smaragd Verlag)
Balsekar, Ramesh S.: *Wo nichts ist, kann auch nichts fehlen* (Lotos)
Cooper, Diana: *Dein Aufstieg ins Licht* (Edition Sternenprinz)
Cooper, Diana: *Der spirituelle Lebens-Ratgeber* (Ansata)
Cooper, Diana: *Die Engel deine Freunde* (Ansata)
Cooper, Diana: *Das Wunder des Einhorns* (Ansata)
Ferrini, Paul: *Denn Christus lebt in jedem von euch* (Aurum)
Ferrini, Paul: *Erleuchtung zum Greifen nah* (Aurum)
Ferrini, Paul: *Im Herzen leben* (Aurum)
Grün, Anselm: *Der Umgang mit dem Bösen* (Vier-Türme-Verlag)
Hawkins, David, R., Dr. med., Dr. phil.: *Erleuchtung ist möglich* (Sheema Medien Verlag)
Helliwell, Tanis: *Elfensommer* (Neue Erde)
Hühn, Susanne: *Channel werden für die Lichtsprache* (Schirner Verlag)

Klinger-Omenka, Ursula: *Lichtengel und Kristallwelten* (Windpferd)
Madhukar: *Einssein* (Lüchow Verlag)
Mantese, Mario: *Im Herzen der Welt* (Drei Eichen Verlag)
Mayer, Thomas: *Rettet die Elementarwesen* (Neue Erde)
Mauch, Walter, Dr. med.: *Die Bombe unter der Achselhöhle* (Bettendorf)
Minatti, Ava: *Die Kinder des Drachen* (Auszeit Verlag)
Morwenna: *Begegne deiner Fee* (Südwest)
Parlow, Georg: *Zart Besaitet* (Festland-Verlag)
Pelzer, B. A.: *Das Angst-Schema. Wege zur Befreiung von Angst und Panikattacken*
Priester, Armin: *Angekommen* (Akademieverlag Frankfurt)
Roads, Michael: *Die Pforte zur Unendlichkeit* (Stb)
Roads, Michael: *Im Reich des Pan* (Stb)
Schaub, Helga: *Befreiung von Dunkelmächten* (Silberschnur)
Stecher, Christine: *Das kleine Buch der Elfen und Feen* (Goldmann)
Stefansdottir, Erla: *Lifssyn min* (Neue Erde)
Tiping, Colin C.: *Ich vergebe* (J. Kamphausen)
Valkenberg von, Ron: *Atlas der Naturgeister* (Ludwig)
Virtue, Doreen: *Chakra Clearing* (Allegra)
Virtue, Doreen: *Engel der Erde* (Ullstein)
Virtue, Doreen: *Die Heilkraft der Feen* (Ullstein)
Virtue, Doreen: *Die Heilkraft der Engel* (Ullstein)
Vödisch, Barbara: *Lady Nada, Botschaften der Liebe* (Smaragd Verlag)

Walsch, Neale Donald: *Gespräche mit Gott Band 1-3* (Goldmann Arkana)

Musik-CDs für die Meditation:

Kämper, Klaus: *God ist Pure Love*
(Heiliger Gesang über eine Stunde ohne Unterbrechung, erhöht hervorragend die eigene Schwingung)
Sickle van, Kurt: *Father, Father*
(Heiliger Gesang über eine Stunde ohne Unterbrechung)

Heilungs- und Kraftlieder CDs auch für Mutter Erde

Antara, Gila: *Das Kind in dir, Erde meine Mutter, Healing Journey* (mit Amei Helm), *Ruf meiner Seele* u. a.
Conrads, Anke: *Komm ins Herz, Löwenkraft*
Helm, Amei: *Der Erde eine Stimme geben*
Johannsen, Ulf: *Seelenlicht, Stimme im Wind*
Schärer, Iria: *Es gibt immer einen Weg, Ja*
Wunram, Monika: *Beautiful Planet* (mit Amei Helm und Gila Antara), *Möge Heilung geschehen* (mit Amei Helm und Gila Antara) *Herzensklänge, Lust auf Leben*

Geführte Meditation CDs:

Hühn, Susanne: *Meditationen für Zwischendurch* (Schirner)
Jasmuheen: *Lichtmeditation*
Schneider, Petra, Dr.: *Heilsein* (Lichwesen AG)
Schneider, Petra, Dr.: *Erzengel Meditation* (Windpferd)
Young, Thomas: *7 Generationen*

Gechannelte CDs von Boris Lukacs (Ch. Falk-verlag):
Im Herzenstempel, Erzengel Raffael spricht...
Die Heilkraft ist in euch, Erzengel Raffael spricht...
Das göttliche Ich Bin, Erzengel Raffael spricht...

Zum Erden sehr gut geeignet sind die Lichtwesen-Meisteressenzen: Kuthumi und Sanat Kumara

Als Schutz vor negativen Energien empfehle ich einen schönen Rosenquarzstein als Anhänger in der Nähe des Herzchakras.